ISBN 978-3-74316-787-2

Copyright ©2017

Lean Knowledge Base UG (haftungsbeschränkt)
Verlängerte Triebstraße 20, 68542 Heddesheim
Tel.: +49 (0)176 65 887 193

Autor: Kurt August Hermann Steffenhagen
www.kurt-steffenhagen.de

Herstellung und Verlag: BoD – Books on Demand, Norderstedt

Satz: Carsten Müller

Bibliografische Information der Deutschen Nationalbibliothek
Die Deutsche Nationalbibliothek verzeichnet diese Publikation in der Deutschen
Nationalbibliografie; detaillierte bibliografische Daten sind im Internet über
http://dnb.dnb.de abrufbar.

Alle Rechte vorbehalten.
Dieses Werk einschließlich aller seiner Teile ist urheberrechtlich geschützt.
Jede Verwertung außerhalb der Grenzen des Urheberrechtsgesetzes ist ohne Zustimmung des Herausgebers unzulässig und strafbar. Das gilt insbesondere für Vervielfältigungen, Übersetzungen, Mikroverfilmungen und die Einspeicherung und Verarbeitung in elektronischen Systemen.
Die Wiedergabe von Gebrauchsnamen, Handelsnamen, Warenbezeichnungen usw. in diesem Werk berechtigt auch ohne besondere Kennzeichnung nicht zu der Annahme, dass solche Namen im Sinne der Warenzeichen- und Markenschutzgesetzgebung als frei zu betrachten wären und daher von jedermann benutzt werden dürften.

Interview mit Dr. h.c. Any Nemo

CEO von WMIA Incorporated, dem größten und erfolgreichsten Unternehmen der Welt

Inhaltsverzeichnis

Vorwort 1

MitarbeiterMotivation? 3

Verantwortung 7

Führung bei WMIA 11

Vorstandssitzung 17

Dr. Nemo und sein Berater 23

Verbesserung des Betriebsklimas 27

Im Ferienhaus von Dr. Nemo 31

Verkauf bei WMIA Incorporated 35

Interview mit Elvira 39

Strategiegespräch über die Zukunft bei WMIA 43

Komplexität bei WMIA Incorporated 47

Fehler bei WMIA Incorporated 51

Kreativität bei WMIA Incorporated 55

WMIA Incorporated und Macht 59

Aufsichtsratssitzung der WMIA Incorporated 63

Die Hinterzimmer der Macht 67

Golfspielen mit Dr. Nemo 71

WMIA Incorporated-Das menschliche Unternehmen 75

WMIA und der Froschkönig 79

Musik und Management bei WMIA Incorporated 83

Über den Autor 86

Vorwort

Die Interviews mit Dr. h.c. Any Nemo zeichnen ein aktuelles Sittengemälde, welches an den Spitzen internationaler Konzerne herrscht. Steffenhagens Alter Ego schafft es die richtigen Fragen zu stellen, um die Gedanken und Sichtweisen des Topmanagers, wie beim Schälen einer Zwiebel, Schale um Schale freizulegen. So ist es sehr einfach möglich, die zuweilen bizarre Logik in ihrem Denken nachzuvollziehen. Nach jeder Episode ist man hin und hergerissen zwischen dem schon einmal Erlebten und einer neuen, erhellenden Erkenntnis. Aktuelle Nachrichten aus Politik und Wirtschaft erinnern einen sofort an die Gesprächserlebnisse zwischen Dr. Nemo und seinem Interviewpartner. Damit ist dies die Pflichtlektüre für alle, die hinter die Kulissen der Parallelwelten der Entscheider in Unternehmen und der Gesellschaft schauen wollen.

Dieses Buch ist näher an der Realität, als einem lieb ist. Und oft stellt man sich die Frage, ist es wirklich eine ernst gemeinte Persiflage oder sind es wirklich geführte Interviews. Man kann sich letztendlich nie ganz sicher sein. Was im ersten Moment als Übertreibungen daherkommen, entpuppt sich beim zweiten hinschauen, als sehr real. Kurt August Hermann Steffenhagen hält uns allen einen Spiegel vor. Mit seinen Worten und der Kombination von Personen, Orten und Aktionen zeichnet er witzige, irrationale und oft schmerzhafte Bilder. Sie bleiben im Kopf, beschäftigt einen sehr lange und helfen das eigene Verhalten zu reflektieren. Ohne den moralischen Zeigefinger zu heben, fordert er uns ganz subtil, still und leise auf, selbst zu denken. Ob Motivation, Führung, Organisation, Werte, Kreativität, es bleibt kein Thema ausgespart. Dabei ist er klug genug, uns keine Best Practices oder Managementlösungen vorzuschlagen. Die Lebens- und Berufserfahrung als langjähriger Berater und Coach im internationalen TopManagement bewahrt ihn davor.

Kurt August Hermann Steffenhagen entlarvt für uns auf unterhaltsame Weise die veralteten Sichtweisen, Methoden und unsinnigen Beratungsansätze, die in einer komplexen Arbeitswelt nichts mehr zu suchen haben. Aber Vorsicht, seine messerscharfe Sprache schneidet tief ins Hirn und hinterlässt nachhaltige Spuren. Aber genau deshalb ist dieses Buch eines der wichtigsten und gelungensten Managementbücher der letzten Jahre.

Franz-Peter Staudt (R & S The Competence House GmbH)

Köln, den 09.01.2017

MitarbeiterMotivation?
oder „Wenn man die Zwiebel wirklich schält"
… Eine ernst gemeinte Persiflage

Im Folgenden lesen Sie die Mitschrift eines Interviews mit dem CEO des größten und mehr oder weniger erfolgreichsten Unternehmens der Welt, Herrn Dr. h.c. Any Nemo.

Das Interview ist fiktiv. Das größte Unternehmen der Welt allerdings nicht.

Das Gespräch fand im 124. Stockwerk des Verwaltungsgebäudes der WMIA Incorporated – WMIA ist die Abkürzung für „We make it all" – in Los Straneros statt.

Die Atmosphäre war angenehm kühl, schimmernder Marmorboden, Möbel aus Glas mit braunem Mahagoni, zwei Assistentinnen reichten Kaffee und Kekse, ihre Stilettoabsätze klapperten erotisch und eine dritte würde gleich jedes Wort mitschreiben.

Durch die vom Boden bis zur Decke reichenden Fenster brach das Licht aller sieben Weltmeere und nur der Himmel und sein Horizont begrenzte den Blick, dessen Entfernung je nach Intelligenz des Betrachters variiert.

Das Licht im Raum, wenn es denn überhaupt eines Kunstlichts bedurft hätte, wechselte im stündlichen Rhythmus oder nach Bedarf seine Farbe.

Dr. Nemo himself trank Acqua naturale, bei dessen Anblick allein man augenblicklich freiwillig nüchtern würde. Verabredet war ein Gespräch über Motivation bei WMIA Incorporated

„Legen Sie los!", schnarrte Dr. Nemo und blickte auf seine Understatement Plastikuhr.

Frage an Herrn Dr. Nemo: Wie gehen Sie mit dem Thema Motivation um?

Nemo: *„Motivation ist uns sehr wichtig. Nur motivierte Mitarbeiter können mit der rasanten Entwicklung unseres Unternehmens mithalten. Wir sind deshalb an unseren Mitarbeitern interessiert und haben eine mit hervorragenden Psychologen ausgestatte Abteilung. Diese Doktoren erforschen, was Menschen wirklich antreibt und wir sponsern selbstverständlich einige Professoren, die uns mit Ergebnissen versorgen."*

Interviewer: „Was haben Sie gefunden?"

Nemo: *„Wir sind ein modernes und innovatives Unternehmen. Wir finden deshalb alle 5 Jahre eine neue Theorie. Sehen Sie, die Zeiten ändern sich. Mein Vater glaubte noch an einen Dr. Maslow, Sie wissen schon, den mit der Bedürfnispyramide. Das haben wir mal sein gelassen.*

Dann hatten wir die McGregor XY-Theorie, dann ging es um Werte, aber fragen sie mich mal was Leichteres. Die Psychotypen werden es schon richten. Dafür bezahle ich sie ja."

Interviewer: „Warum wollen Sie eigentlich wissen, was Menschen antreibt, was sie motiviert, das zu tun, was sie tun oder unterlassen."

Nemo schaut ins Leere. Die Assistentin kaut an ihrem Stift und betrachtet ihre Fingernägel.

Interviewer: „Ist dies Interesse vergleichbar mit der wertfreien Neugier des Wissenschaftlers, die diese Forschung veranlasst?"

Nemo: *„Die Entwicklung von Motivationsthesen verläuft für uns wie Produktentwicklung, sie wandelt sich in der Zeit und wir verkaufen die Thesen an unsere Führungskräfte und erhoffen uns Gewinn."*

Während er das sagte, trafen seine Augen den Interviewer. Der Mann war klar, glasklar wie eine Glasscherbe. Er weiß, was wichtig ist oder nicht, jedenfalls glaubt er das zu wissen.

Interviewer: „Wie erreichen Sie Ihre Führungskräfte?"

Der Interviewer verwendet den Begriff „Führungskraft" hier in Ermangelung einer treffenderen Bezeichnung und weil der Begriff sich so eingebürgert hat und außerdem so schön griffig ist wie alles, was bestenfalls nur vage im Raum steht.

Nemo: *„We want to get them by the balls... die deutsche Übersetzung ist leider im Wording unanständig, der Satz aber drückt das aus, was ich meine. Übersetzt für die Pastorentöchter: Wir wollen also ins Nähkästchen der Menschen schauen."*

Die eben noch am Stift kauende Assistentin errötete leicht, schaute verlegen auf die sieben Weltmeere und zupfte an ihrer weißen Bluse.

Dr. Nemo grinste breit wie jemand, der soeben das Ei des Kolumbus aufgeschlagen hatte und es zum Frühstück verzehrt.

Nemo: *„Wir haben eine Motivationsgeste. Sie heißt Daumen hoch und kommt insbesondere bei unseren männlichen Führungskräften bestens an. Das ist Viagra für die Seele und kostenneutral. Die Daumen bringt ja jeder selber mit und man besitzt davon sogar zwei, just in case... und besonders bei unseren Motivationsmeetings in The Hall of Fame mit tausenden Mitarbeitern."*

Interviewer: „It's all about Sex?"

Nemo: *„Wir halten es jedenfalls einfach, die Theorien versteht sowieso niemand, wir sind Praktiker."*

Eine letzte Frage: „Also, Sie meinen, Sie müssten Ihre Mitarbeiter motivieren? Für wen halten Sie Ihr Gegenüber? Das wäre dann eine Frage des Menschenbildes."

Nemo: *„Das steht alles in unseren Werten."*

Mit den Worten schob er eine Broschüre über den Glastisch, deren Hochglanzeinband so rutschig war, dass sie auf den Boden glitt.

Das Interview zum Thema Motivation war beendet. Der Interviewer schritt die 12 Meter zur großen Flügeltür, die sich automatisch öffnete, verabredete im Vorzimmer einen neuen Termin zum Thema „Was ist Führung und Verantwortung bei WMIA Incorporated" und ging...

Verantwortung
oder „Die heiße Kartoffel"
... Eine ernst gemeinte Persiflage

Im Folgenden lesen Sie die Mitschrift eines weiteren Interviews mit dem CEO der WMIA Incorporated, Herrn Dr. h.c. Any Nemo.

Wir befinden uns wieder im 124. Stockwerk des Verwaltungsgebäudes der WMIA in Los Straneros, dem größten und mehr oder weniger erfolgreichsten Unternehmen der Welt.

Der CEO, Herr Dr. h.c. Any Nemo verspätet sich zum Interview.

Seine Assistentin Elvira, eine Mischung aus Barbiepuppe, Gina Lollobrigida und Mutter Theresa, letzteres jedenfalls, was die Bescheidenheit in puncto ihres Gehaltes angeht, lächelt mir die Wartezeit weg und fast hätte ich ihr Lächeln mit dem der Mona Lisa verwechselt. Und kurz nachdem ich bemerkte, dass sie gelegentlich schielt, was ja ein Hinweis auf vollständige emotionale Ergebenheit sein soll, trat mit wehendem Rock (die Bezeichnung „Rock" ist diejenige, die man zu Zeiten eines Herrn Taylor vor hundert Jahren für das Gewand der Denkenden ganz oben in der Hierarchie, der heiligen Ordnung angesiedelten Menschen verwandte, „Taylor" heißt ja auf Deutsch „Schneider"... also die zurecht geschneiderte herrschende Ebene) der Herr Doktor ins Büro.

Er wirkte nervös, etwas zerfahren. Elvira schaute ihn erwartungsvoll an und stellte ihre Pupillen gerade.

Nemo: *„Sie werden meine Verspätung entschuldigen, aber da liegt jemand in den Wehen, wir erwarten gerade mit Bangen die Geburt der Vernunft. Die gab's schon mal vor 2000 Jahren, verhindern können wir das nicht, aber wir werden sie, na ja, Sie wissen schon... was damals passierte..."*

Frage an Herrn Dr. Nemo: „Sie glauben an Gott?"

Nemo: *"Klar, glaube ich an mich... aber kommen wir zum Thema „Verantwortung bei WMIA Incorporated."*

Interviewer: „Ihr Unternehmen hat einen Begriff erfunden."

Nemo: *„Ja, der heißt „Begriffsmarketing" oder auf Deutsch „Certified Lies."*

Elviras Augen stellten sich wieder auf ergebungsvolles Schielen, die Ehrfurcht teilte der Interviewer zwar nicht, doch ist diese kleine Randnote im Verhalten bemerkenswert, besonders im orangenen Licht eines mediterranen gleichzeitigen Sonnenaufgangs und -untergangs, der von der automatischen Farbbeleuchtung zu diesem Zeitpunkt eingestellten Stimmung.

Interviewer: „Sie haben sich also mit dem Begriff der Verantwortung und seiner Operationalisierung befasst? Was meinen Sie mit Marketing der Begriffe?"

Hier zeigte sich dann doch der Wert einer Harvard Ausbildung, wie sie Dr. Nemo vorweisen kann, wohingegen der Interviewer mittlerweile das Gefühl hatte, die geistige Treppe herunterzufallen.

Nemo: *„Begriffe sind Erfindungen. Ihr drüben in Old Europe glaubt noch an die Wahrheit. Wir spielen damit und untersuchen die Begriffe auf ihre Kundenakzeptanz oder bringen sie auf diesen Kurs, will heißen, wir passen sie dem Main Stream an, den wir selber kreiert haben."*

Der Interviewer bereute im Stillen, so viele Bücher gelesen zu haben...

Nemo: *„Also, im Zuge dieses Marketings der Begriffe haben wir uns die „Verantwortung" mal vorgeknöpft. Sie wissen ja, wir haben eine eigene Universität, an der wir etliche Honorar-Professoren alimentieren."*

Interviewer: „Ist Verantwortung nicht etwas, das bei HR oder in der Organisationsabteilung angesiedelt ist?"

Nemo: *„Wir haben kein HR mehr. Wir haben diese Abteilung im Marketing untergebracht und die ehemaligen Mitarbeiter des HR stricken jetzt Pullover mit Ginseng-Motiven oder wie heißt das nochmal?"*

Nemo schaute auf Elvira, die sofort errötete, was sie neben ihrem Lächeln geradezu erotisch in diesem heiligen Saal erscheinen ließ. *„Das Symbol des Tao, liegende Acht, Yin und Yang"*, hauchte sie und in ihrer Stimme war eine Attitüde zu spüren, über die man den Herrn Doktor mal später befragen könnte.

Interviewer: „Kommen wir auf den Punkt."

Nemo: *„Verantwortung"*... und dabei zog er eine Schublade seines Schreibtisches auf... *„ist nach Erkenntnis unserer Wissenschaftler wie eine heiße Kartoffel. Das ist der eine Aspekt, ein weiterer wichtiger folgt gleich. Unser verehrter Universitätsprofessor der WMIA-Universität, der* *deutschstämmige Prof. Dr. mett. Wurst hat Verantwortung in zwei Aspekte geteilt."*

Zwischenbemerkung zur geflissentlichen Kenntnis: Professor Wurst ist übrigens mit dem „Pour le Merite" der Verwurstungsindustrie ehemals wissenschaftlich begründeter Erkenntnisse, abgekürzt W.d.G. „Wurstenden des Geistes", ein Unternehmen von WMIA Incorporated, geehrt für seine Leistung, die Erkenntnis der Wissenschaft zu verwursten.

Ja gut, den können wir ja später interviewen…

Nemo: *„Der eine Aspekt ist die sportliche Disziplin des Wegschiebens der Verantwortung, es die Kunst, eine heiße Kartoffel, nämlich die der Verantwortung so schnell wie möglich loszuwerden. Eine Disziplin, die demnächst olympische Ehren erreichen wird."*

Nemo griff in seine Schublade und hielt eine goldene Kartoffel hoch.

„Hier ist meine Kartoffel mit Schwertern und Brillanten, die bekommt das Topmanagement bei uns verliehen.

Die Kartoffel ist übrigens aus purem Gold, eine Hommage an die Schwere der Verantwortung, die jemand trägt und der das spezifische Gewicht dieses Metalls geradeso gerecht wird. Auf jeder Stufe der Karriereleiter entledigen sich unsere Führungskräfte der Verantwortung bis schließlich ganz oben angelangt die heiße Kartoffel entleert von allem Verantwortungsballast nur noch aus Gold besteht… das sind dann unsere Vorstands-Boni."

Es gibt im amerikanischen das Wort „bewildered", knapp übersetzt heißt das verwirrt oder perplex sein. So ähnlich schaute der Interviewer in dem Moment aus seiner Wäsche.

Nemo: *„Der zweite Aspekt der Verantwortung und das ist der wesentliche Grund, weshalb wir die Frage der HR-Abteilung entzogen und dem Marketing zugeschlagen haben, ist folgender: Im Falle eines Missgeschicks, beispielsweise der Halbierung unseres Aktienkurses oder des Auseinanderbrechens eines mit Schweröl beladenen Großtankers vor der Küste eines Urlaubslandes, kreieren wir die Antworten nach der Verantwortung so, dass wie bei einem Ölfleck, um im Beispiel zu bleiben, schließlich alles verwaschen ist."*

Interviewer: „Gibt es denn nicht Tatsachen, die die Verantwortlichkeit belegen?"

Nemo: *„Tatsache ist das, was wir sagen, wir sind immerhin das größte Unternehmen der Welt mit der besten Marketingabteilung."*

Der Interviewer dankte für das Gespräch, zumal Dr. Nemo wegen der zu befürchtenden Wiedergeburt des Verstandes verständlicherweise kurz angebunden war.

Elvira begleitete den Interviewer aus dem Büro.

„Entschuldigung, dass wir nur über Verantwortung gesprochen haben. Das Thema Führung bei WMIA würde der Herr Doktor gern mit Ihnen das nächste Mal am nächsten Dienstag besprechen."

Der Fahrstuhl hatte nur einen Knopf, darauf stand Zukunft… Der Interviewer ging lieber zu Fuß, man weiß ja nie, was die Knöpfe bedeuten und wer weiß, wo man ankommt im Reich von WMIA Incorporated…

Führung
oder „Alles eine Frage von Prinzipien"
... Eine ernst gemeinte Persiflage

Im Folgenden lesen Sie die Mitschrift eines weiteren Interviews mit dem CEO der WMIA Incorporated, Herrn Dr. h.c. Any Nemo.

Wir befinden uns im Herzen des relativ erfolgreichen aber mit Sicherheit größten Unternehmens der Welt, der WMIA Incorporated in Los Straneros, 124. Stock, Vorstandsbüro. Es ist der dritte Besuch, fast schon eine Home-Story.

Dr. Nemo wirkt heute sehr aufgeräumt, ist bestens rasiert und auf das Thema „Führung bei WMIA Incorporated" vorbereitet... oder sagen wir so, Elvira hielt auf ihren Knien einiges an bunten Prints, sorgfältig geordnet und mit diesen gelben Eselsohren versehen, die man „Post-it" nennt.

Auf dem Stapel lag eine Fernbedienung. Leise Musik erschallt im Hintergrund.

Interviewer: „Sie nutzen Musik als einen Rahmen für die Arbeit?"

Nemo: *„Ja klar, Elvira hat die Fernbedienung zur Auswahl der Musikstücke, allerdings, die Musik spielt hier..."*

Und damit zeigte Dr. Nemo auf sich und sein mehr oder weniger gelungener Witz läuft wohl eher außerhalb der Wertung. Der Interviewer fühlte sich so wie er damals seinen Papa nach einer Verlängerung beim abendlichen Fernsehschauen gefragt hat.

Elvira schaute nett und wenn ihr nicht heute Morgen der Kajalstift ausgerutscht wäre, wirkte ihr Anblick wie eine Melange sämtlicher weiblicher Ikonen der italienischen Filmindustrie...

Interviewer: „Führung ist ja in diesen Zeiten ein zentrales Thema, von dem der Erfolg eines Unternehmens abhängt."

Nemo: *„Sie sagen es."*

Nemo winkte Elvira zu, die ihm die erste Broschüre reichte.

Interviewer: „In Zeiten der Komplexität verändert sich ja die Einstellung zu Führung. Dezentralisierung, einzelne selbstverantwortliche Einheiten agieren vor Ort, da, wo der Mehrwert produziert wird. Wie sieht es da bei Ihnen aus?"

Nemo: *„Klar, alles ist komplex heutzutage oder sagen wir lieber kompliziert, was ja aufs Gleiche hinausläuft."*

Interviewer: „Können Sie als CEO überhaupt noch 472.856 Mitarbeiter führen?"

Nemo: *„Ich weiß schon, worauf Sie anspielen. Diese Demokratisierung der Unternehmen... wir sind hier aber nicht in einer Demokratie und ich sage Ihnen auch warum.*

Das Wirtschaftsleben ist wie Extremfußballspiel, das einer Fahrt mit der Wilden Maus auf dem Rummelplatz gleicht und wehe, wenn der Schausteller eingeschlafen ist oder die Knöpfe nicht mehr selber bedient. Viele Köche verderben den Brei, wie mein Vater schon vor 60 Jahren sagte. Hoch und runter geht es, hin und her, ohne Pause und wieder von vorn."

Nemo hatte unabsichtlich eine treffende Beschreibung über WMIA Incorporated abgegeben, aber da hinein und die Frage, ob der oberste Schausteller nicht doch pennt, wollte der Interviewer aus Höflichkeit nicht nachhaken. Nemo schob die Broschüre mit dem Organigramm von WMIA Incorporated über den Glastisch. Diesmal fiel sie nicht runter, da der Einband ziemlich klebrig war, er war aus einem Material, das in seiner Konsistenz der Stanniolverpackung der Kinderschokoladenüberraschungseier ähnelte...

Der Interviewer: „Verstanden."

Bemerkung: Der Ausdruck „Verstanden" ist eine typische Beraterbemerkung, die eigentlich keinen Inhalt hat, sondern nur dazu dient, das Gegenüber bei Laune zu halten... der Interviewer kennt diese Szene...

Interviewer: „Gibt es Regeln der Führung bei Ihnen?"

Nemo: (Er schmunzelte bevor er die Antwort gab) *„Regeln gibt es nicht, es gibt Prinzipien!"*

Hier schimmerte die Erkenntnis durch, die Dr. Nemo aus einer von 12.600 Managern besuchten 12-minütigen vor einem Mittagessen stattfindenden Veranstaltung mit dem Thema „Grundlegende Prinzipien der Führung in einer komplexen Welt" gezogen hatte. Sie fand in der Halle der Demut, der Name ist eine Hommage an seinen Taufpaten, Monsignore Seduttore, statt. Monsignore Seduttore ist Honorarprofessor mit der Forschungsrichtung „Verbliebene Reste an den guten Glauben", um seinen Hals hängt eine bescheidene silberne Kette mit daran hängender, in Blech eigefasster Lupe... wobei das Blech irgendwie im Zusammenhang mit seinen Forschungsergebnissen steht... aber das ist nur eine Nebenerscheinung.

Nemo: *„Also zum Thema Führungsprinzipien..."*

Elvira reichte Dr. Nemo eine weitere Broschüre, eingebunden in einen rosa Samt.

Nemo las vor: *„Wir gehen davon aus, dass Menschen Verantwortung übernehmen wollen und dass Arbeit eigentlich eine Freude ist. Wir geben Mitarbeitern einen Rahmen, der sich in unserer Organisationsform manifestiert und der ihnen den Raum gibt, der nicht nur durch Wertschätzung begründet ist, sondern auch auf unserer Überzeugung steht, dass Menschen wertvoll sind. Sie sind eben nicht nur berechenbare Figuren auf dem Schachbrett. Es ist unsere Aufgabe, unseren Mitarbeitern den Raum dafür zu eröffnen, das, was sie können, zu verwirklichen. Wir vertrauen unseren Mitarbeitern..."*

Nemo kräuselte die Stirn.

Elvira zeigte ihr schönstes Erröten, diesen Ausdruck weiblicher Anmutung, die selbst dem stärksten Kerl alle Elemente der sicher berechtigten Kritik entzieht und entschuldigte sich... aus Versehen war in den Stapel „Führung" ihr altes Poesiealbum gerutscht.

Der Fehler wurde sofort korrigiert.

Nemo: *„Also kommen wir zu den Prinzipien. Wir haben genauso viele Prinzipien wie die Glückszahl Sieben."*

Interviewer: „Ist nicht auch Sieben die Zahl der sieben Fegefeuer?"

Nemo: *„Mmmmh..."*

Elvira googelte sofort den Begriff Fegefeuer, was eigentlich nicht unbedingt notwendig war...

Nemo: *„Also die Prinzipien der Führung:*

Wir tanzen um den heißen Brei. Entsprechende Tanzkurse finden jährlich anlässlich des ersten Maies statt. Als Tanzlehrer kommt eigens der Ballettmeister François Knaak aus Paris nach Los Straneros. Er ist ein Urenkel der schon von Thomas Mann in seinem Roman „Tonio Kröger" zitierten Tradition. Die Tanzstunde findet reihum in Privathäusern statt, ausschließlich für die Angehörigen der ersten Familien unseres Konzerns. Ich habe selber mehrfach daran teilgenommen und war verblüfft, wie sich dieser François Knaak, dem sich der seidig schwarze Gehrock so wunderbar um die fetten Hüften schmiegt, Wirkung verschafft. Bei seinen Unterweisungen spricht er mit Vorliebe Französisch „und keine Worte schildern, wie wunderbar er dabei den Nasallaut hervorbrachte" und den Tritt in den Brei umtanzt.

Wir sind wahre Vertreter der bildenden Kunst. Wir vertuschen und unsere Tinte ist ein Extrakt des weithin bekannten schwefelhaltigen Minerals „Schwafel."

Prinzip unserer Führung und unseres Managements ist das Kaffeesatzlesen. Unsere verehrte Signora Assurdo ist eine Meisterin dieser Kunst und natürlich wird der Kurs von unserer italienischen Espressofirma gesponsert.

Wir leben „Prinzip des Den-Mantel-Nach-Dem-Wind-Drehen", entsprechende Outdoortrainings finden auf allen sieben Weltmeeren statt, der Trainer unserer Führungskräfte ist eine Reinkarnation des Autors von „Vom Winde verweht".

Die Ethik unserer Führungskräfte dokumentiert sich in ihren weißen Zähnen, weiße Kragen haben sie nicht mehr und der Führungskräftetrainer ist nach dem Grad der Weißheit seiner Zähne ausgewählt, das kommt bei Damen gut an, die sich vor gelblichen Zähnen wegen des damit verbundenen wahrscheinlichen Mundgeruchs fürchten...

Die Auswahl unserer Führungskräfte erfolgt nach dem 100 Jahre alten Spiel, das da heißt „Blinde Kuh". Unsere Fehlentscheidungen verbrennen im Heiligen Feuer, was eine direkte und vor allem klanglich ähnliche Übersetzung von hire and fire ist.

Wir folgen dem Prinzip der Transparenz. Selbstverständlich sind unsere Führungskräfte firm im Erstellen von Statistiken und Bilanzen. Wir haben dafür den weltberühmten Herrn Professor Dr. Bugia fest angestellt, den Erfinder des Radiergummis."

Das Beeindruckende dieser Aufzählung war die Atemlosigkeit des Vortrags.

„Das Leitbild", und hier wurde Nemo ernst… *„das hat uns eine Menge Geld gekostet. Schließlich haben wir haben das mal gegoogelt und nach Leitbildern gesucht… Es ist ein Hammel!"*

Aus einer Schublade zog er eine kolorierte Zeichnung eines Hammels hervor, die einem anatolischen Schafhirten sicher das Wasser im Munde zusammenlaufen ließe.

Der Interviewer fühlte sich wie in einem Auszug aus Dantes „Göttlicher Komödie", allerdings ist dies hier Realität, der der Schreiber Alighieri Dante vor 700 Jahren wohl in vorauseilender Kenntnis ein paar Buchstaben mal vorweg geliehen hatte.

Elvira, um mal für etwas Entspannung in dieser hochkarätigen Umgebung zu sorgen, trug übrigens heute eine Bluse, die die Echtheit ihrer Erscheinung hervorstechend unterstrich. Aber da schweifen die Gedanken ab, das Thema war ja Führung und nicht Verführung…

Bevor die Stimmung vollends kippte verließ der Interviewer nach höflicher Verabschiedung den Raum mit der unbeantworteten Frage, wie der Laden eigentlich läuft.

Er verabredete noch rasch in der Vorhalle den nächsten Termin zum Thema „Vorstandssitzung bei WMIA Incorporated", zu der der Interviewer freundlicherweise von Dr. Nemo eingeladen ist.

Anmerkung Punkt eins: Aufgrund tausender Anfragen ein Wort zu Elvira: Elvira gehört zu jenen zeitlosen Juwelen unter den Assistentinnen, die jeden Wunsch von allen Lippen ablesen oder umgekehrt… sie ist natürlich im Family and Friends Programm und im Greenshoe beim IPO wegen ihrer unübersehbaren Erscheinung mit zwei Händen voller guter Gaben berücksichtigt und ist damit in relativ festen Händen… hoffen kann man ja, meint der Interviewer vor Ort…

Anmerkung Punkt zwei: Der Fahrstuhl hat aufgrund der Verwerfungen am Aktienmarkt einen neuen Knopf, Erdgeschoss, treffend im Italienischen als „terra", also Boden bezeichnet, den der Interviewer drückte… und auf dem Boden angelangt erscheint im Zeitalter der Digitalisierung Punkt vier Komma acht auf einem etwas verpixelten Bildschirm das Bild eines fröhlich winkenden Dr. Nemo…

Der Interviewer entstieg emotional etwas beduselt dem Fahrstuhl und ging in der großzügigen Empfangshalle dieses Weltunternehmens an den bis zum Boden reichenden Spiegeln entlang. Die Spiegel waren leer...

Er gab seine Besuchermarke beim Pförtner ab und erhielt im Gegenzug als Aufmerksamkeit des Hauses eine Dose Bier und eine dampfende Currywurst rot weiß... das erweckt die heimischen Gefühle und die Erinnerung an Dortmund, BVB, Südtribüne, vorm Gitter am Unterrang, an dem man den Torwart fast am Rücken kratzen kann.

Liegt Los Straneros auch in Dortmund?

Na denn, in wahrer Liebe... bis nächsten Dienstag zur Vorstandssitzung.

Vorstandssitzung
oder „Schiffe versenken 4.0"
... Eine ernst gemeinte Persiflage

Im Folgenden lesen Sie die Mitschrift eines weiteren Interviews mit dem CEO der WMIA Incorporated, Herrn Dr. h.c. Any Nemo.

Heute geht es ein Stockwerk höher, in die 125. Etage des Verwaltungsgebäudes von WMIA Incorporated zur Vorstandssitzung des größten und mehr oder weniger erfolgreichsten Unternehmens der Welt.

Diese freundliche Einladung bedeutet eine besondere Ehre, die sicher darauf beruht, dass der Interviewer das Buch „Wie baue ich Vertrauen auf?" auswendig gelernt hatte.

Die Teilnahme an einer Vorstandssitzung unplugged bedarf selbstverständlich für den externen Teilnehmer – der Interviewer ist der Erste, dem die Ehre zuteil wird – einiger Maßnahmen und Regeln.

Das Anfertigen von Handnotizen ist nicht erlaubt. Der Interviewer muss sich einer Leibesvisitation unterziehen, wobei ihm blöderweise seine Brille abgenommen und durch zwei Augenklappen, die man sonst beim Fliegen auf Intercontinentalflügen zum leichteren Einschlafen trägt, ersetzt wird. Stifte und Schreibblöcke werden einbehalten.

Insofern gibt es hier nur ein Gedächtnisprotokoll aus dem Innersten des Konzerns.

Es besteht auch ein Fotografierverbot, was allerdings in Anbetracht der Augenklappen eigentlich nicht notwendig war. Der Unsicherheitsbeauftragte meinte allerdings „doppelt gemoppelt" hält besser.

Elvira, die bezaubernde Assistentin des Vorstands nimmt den vorübergehend Blinden bei der Hand, was ja schon mal ein nicht zu verachtender prickelnder Anfang dieser Beschreibung ist, zumal schon allein ihre Hände ein solches Gefühl von edelster Seide vermitteln, dass man noch nachträglich verstehen kann, warum Marco Polo schon vor 700 Jahren die Mühen einer Reise bis nach China auf sich nahm, um diese perlende Sanftheit wenigstens als umschmeichelndes Gewand zu erleben.

Normalerweise meldet sich der Autor dieser Satire nicht zu Wort, doch hier ist es angebracht, darauf hinzuweisen, dass es möglicherweise Übereinstimmungen mit der Wirklichkeit gibt, die dann den fassungslosen

Gerichten der an alle 7 Weltmeere angrenzenden Länder des Reichs von WMIA Incorporated zur Entscheidung vorgelegt werden.

Zur Vermeidung von hohen Prozesskosten sei hier darauf hingewiesen, dass das Gedächtnisprotokoll des Interviewers kein belastbares Beweismittel darstellt, da ja wissenschaftlich erwiesen ist, dass das Gehirn der meisten Menschen signifikante Ähnlichkeiten mit einem Sieb aufweist.

Aus dieser Freiheit eines rechtsfreien Raums, den Dr. Nemo schon ganz alleine auch sonst ausfüllt, sei hier weiter berichtet.

Dr. Nemo: *„The same procedure as always."*

Erinnerungen des Interviewers an den Silvesterslapstick „Dinner for one" sind nicht zufällig.

Der Interviewer konnte die Vorstandsmitglieder nicht sehen, was allerdings angesichts der Farblosigkeit der Herrschaften auch nicht besonders ins Gewicht fiel.

Die Tagesordnung wurde herumgereicht.

Es war die zu jeder Vorstandssitzung wechselnde Speisenkarte fürs Mittagessen verbunden mit den Fußballergebnissen des letzten Wochenendes, besonders derjenigen des BVB. Dr. Nemo ist nämlich BVB-Fan und Präsident der UFO, also der „United Football Organisation", die ja bekanntlich von einem anderen Stern kommt… aber das ist ein Thema, bei dem die Höflichkeit der Beschreibung lieber schweigt.

Überdies ist für diese Vorstandssitzung als ständiger Tagesordnungspunkt wie immer das Spiel „Schiffe versenken" angesagt und die Aufgabe der von Minute zu Minute schöner werdenden Elvira ist es, dafür zu sorgen, dass Dr. Nemo immer gewinnt… sie flüstert ihm die Positionen der Schiffe der Mitspieler ins Ohr.

Nach einer kurzen Gedenkminute – Tradition wird hier in jeder Form gepflegt – für die beim Untergang der „Titanic" am 14. April 1914 verunglückten 83,4% der Unternehmensgründer auf ihrer Fahrt nach Panama, nimmt die Sitzung ihren jedenfalls geplanten Verlauf.

Ein Vorstandsmitglied ruft laut „18, 20", ein anderer rief „Passe".

Dr. Nemo weist die Herren zurück. *„Sie sind im falschen Spiel…"*

Diese nur partielle Übereinstimmung im Vorstand darüber, welches Spiel gespielt wird, könnte man als die zweite Organisationsebene verstehen. Das ist die Ebene, in der die Beteiligten entweder gar nicht wissen, was gespielt wird oder lieber Skat als Schiffe versenken spielen wollen.

Zwei andere Vorstandsmitglieder füßeln unter dem Tisch. Offensichtlich gibt es also eine weitere, dritte, auf Emotionen beruhende Organisationsstruktur, die allseits zitierte soziale Komponente, die man auch mit verbunden Augen am Knirschen der maßgeschneiderten schwarzledernen enganliegenden Fußkleider, die sich um rosa geringelte Socken schmiegen, bemerken könnte.

„Nix da", rief Dr. Nemo, *„das Spiel heißt Schiffe versenken. Immerhin schläft die Konkurrenz nicht... also los geht's!"*

Das Spiel war digitalisiert, WMIA ist auf dem neuesten Stand mit „Schiffe versenken 4.0".

Der weitere Verlauf der Vorstandssitzung steht im Sitzungsprotokoll, das Elvira bereits tags zuvor angefertigt hatte.

Irgendwo im Raum ist ein Geräusch vernehmlich, das an Holzsägen erinnert, dem aber niemand Beachtung schenkte.

Der Interviewer ist dann doch getröstet, ob der Erkenntnis dieser Vielfalt des Verhaltens der einzelnen Akteure oder genauer gesagt, Spieler, deren Verhalten er systemisch oder sogar als ein Phänomen angewandter Komplexität versteht, vielleicht aber auch überschätzt.

Man bricht schließlich nach der Zusammenfassung der zu erwartenden und vorher bekannten Ergebnisse dessen, was hier gespielt wird, zum Essen auf, nicht ohne zu versäumen, das fünfte Vorstandsmitglied – Spötter würden ihn das fünfte Rad am Wagen nennen – zu wecken.

Aus Respekt vor seinem Alter und auch deshalb, weil er das letzte, überlebende Mitglied der Eigentümerfamilie ist, ließ man ihn die ganze Zeit über in Frieden. Die Putzfrau würde später den Kalk, der ihm aus der Hose gerieselt war... er leidet an einer Art Kalkinkontinenz, die man ja im fortschreitenden Alter nur noch mit besonderen Mitteln eindämmen kann – wegfegen.

Dieses spezielle Mittel zur Bekämpfung auch seniler geistiger Unkontrollierbarkeit hat den schönen Namen „Mo Ney" ein Produkt aus Kaotistan, mit dem dort dem Vernehmen nach auch Herrchen knurrender Hunde oder

Spätpubertätsstörungen behandelt werden. Der ältere Herr bekommt das Medikament jeden Monatsersten pünktlich gegen Vorlage eines Coupons bei seinem Dorfältesten.

Das Mittagessen wird im Vorstandscasino gereicht, dem Interviewer wird seine Brille zurückgegeben und mit großer Erwartung blickt er aufs Lunch.

Angerichtet ist entsprechend den Compliancerichtlinien – die Kürzung der guten Gaben an die Vorstände ist mit Rücksicht auf die Öffentlichkeit ja Mode – gut gegrillte Riesencurrywurst rot weiß, die jeder Bude in Dortmund als Benchmark dienen könnte und Pommes so viel man will. Im französischen Gourmetrestaurant gegenüber würde man letzteres Supplement Service nennen, aber angesichts dieses Essens nennen wir das lieber „Nachschlag".

Der Interviewer entfernt gerade so unauffällig wie man das eben kann, das verkleckerte. Ketchup von seiner Krawatte, ein mit der Post vorgestern übersandtes Geschenk von Dr. Nemo mit dem Emblem von WMIA Incorporated Der Ketch-up-Fleck störte das Corporate Design zwar nicht wesentlich, aber na ja…

Dann folgt er liebend gern dem Augenzwinkern von Elvira.

Elvira: *„Dr. Nemo hat Freude daran empfunden, seine Welt mit Ihnen zu teilen. Zum nächsten Interview also am nächsten Dienstag, das ist übrigens sein Lieblingstag, möchte er Sie mit seinem engsten Berater bekanntmachen."*

Das Lunch ist beendet und auf die Schlafmütze aus der Eigentümerfamilie wartet niemand mehr, zumal das altersgerechte Lutschen von Currywurst, auch wenn sie ohne Knusperhaut serviert wird, doch zu lange dauert in dieser schnellen Arbeitswelt EinsPunktZweiPunktDreiPunktVierPunkt…

Elvira begleitet oder sagen wir lieber schwebt mit dem Interviewer zum Fahrstuhl… und wie sehr hätte er sich gewünscht, sie würde ihm so wie vorhin ihre samtene Hand reichen, aber so ist es mit den Wünschen… fast hätte er sich getraut.

Nun, wir werden sehen, was draus wird. Immerhin ist ja die Lücke zwischen dem Wörtchen „fast" und der Realität der Tummelplatz der Träume. Eine alte Weisheit aus dem Controlling, die auch sonst Gültigkeit hat.

Am Fahrstuhl fand er wieder einen neuen Knopf, die Beschreibung auf dem Messingschild war in Blindenschrift gestanzt. Der Interviewer ging sicherheitshalber zu Fuß...

Im Hinausgehen durch die marmorne Halle blinken die Bildschirme und anstelle der Aktienkurse erscheinen heute Bilder von Dr. Nemo in Begleitung der Großen dieser Welt.

Es ist eben Dienstag, Vorstandssitzung bei WMIA Incorporated, Los Straneros...

Dr. h.c. Any Nemo und sein Berater
oder „Hybris und Beratungsresistenz"
... Eine ernst gemeinte Persiflage

Im Folgenden lesen Sie die Mitschrift eines weiteren Interviews mit dem CEO der WMIA Incorporated, Herrn Dr. h.c. Any Nemo.

Dr. Nemo stand schon bei der Ankunft des Interviewers zusammen mit seinem persönlichen Vorstandsberater in der Marmorhalle beim Empfang. Der Interviewer war überrascht. Herr Dr. Nemo hat eben ein feines Gespür für Inszenierungen.

Nemo: *„Heute mal was anderes. Wir führen unser Gespräch im Park. Eine interessante Anregung unseres Beraters, Herrn Professor Dr. Salsiccia."*

Irgendwie klingelte beim Interviewer bei diesem Namen etwas...

Das Interview findet also außerhalb des Verwaltungsgebäudes, allerdings auf dem Firmengelände statt. Der Empfangsassistent drückt auf einen Knopf und ein Tor öffnet sich.

Inwieweit dieses „außerhalb" eine Metapher für Nemos Verhältnis zu seinem Berater sein könnte, ist nur eine vorläufige Idee des Interviewers.

Elvira, die hinreißende Assistentin des Vorstands, ist jedenfalls anfänglich nicht zugegen. Auch das mag Bedeutung haben.

Wir befinden uns im unternehmenseigenen Park von WMIA Incorporated.

„Der Park steht natürlich auch CEOs anderer weltumspannender Unternehmen zur Verfügung, man ist sich ja der Sozialbindung von Eigentum bewusst. Gefällt es Ihnen hier?", fragt Dr. Nemo und verweht mit einer Handbewegung, vergleichbar der eines mittelamerikanischen Farmers, der sein Land zeigt, alle Vorstellungen über Größe von Land bis an den Horizont, der in diesem Falle von den Wolkenkratzern anderer Unternehmen gebildet wird.

„Beindruckend", bemerkt der Interviewer.

„Wir haben diesen Park auf Empfehlung unseres chinesischen Beraters gebaut. Er ist eine genaue Kopie vom Hyde Park in London. Die Idee war, unsere Kreativabteilung im Freien arbeiten zu lassen. Das haben wir bei einem Besuch im Silicon Valley gelernt. Der Facebook-Erfinder Mark

Zuckerberg macht das ja auch. Leider hat das bei uns nicht funktioniert, weil… bei Regen liefen uns die Mitarbeiter weg."

Der Berater, seines Zeichens Seniorpartner der Beratungsfirma McWe-KnowItAll Incorporated, der bislang in diesem Interview wenig Beachtung findet, nestelt aus seiner aus Antilopenbullenhaut kunstvoll gegerbten und mit den letzten legal erhältlichen Nägeln des Sarges des Pharaos verzierten Brieftasche seine Visitenkarte hervor, die sich gerade an seiner American Express Centurion Card verklebt hatte… das sind die schwarzen Kreditkarten der Hellseher, deren Vision wie der Kreditrahmen dieser Karten ja auch unlimited ist.

Der Interviewer: „Nice to feed you", der Berater errötete und der Interviewer war sich schlagartig bewusst, dass sein Versprecher realiter als Bemerkung eigentlich Dr. Nemo zugestanden hätte.

Professor Dr. Salsiccia lässt im Gespräch durchblicken, er sei auf alles spezialisiert.

Salsiccia: „Unser neuestes Programm bei WMIA Incorporated heißt „Arbeit Punkt Nullkomma Nix", ein quasihumanes Freisetzungsprogramm für überflüssige Mitarbeiter."

Stolz streichelt er seinen Blindenhund. In seiner braunen Louis Vuitton Ledertasche befindet sich außerdem ein Einweckglas mit einem auf einer kleinen Leiter hockenden grünen Frosch und eine ordentliche Portion Kaffeesatz für den Blick in die Zukunft NeunzehnhundertVierundachtzig-PunktNull und natürlich sein neuestes Buch dazu, das schon in der drölften Auflage – eine neue Nummerierung für Wiederholungen im Inhalt – mit dem Titel „Völker höret die Signale" zur Freude seines Verlegers erschienen ist. Der Titel ist natürlich geklaut, aber die Diktion hat sich ja in der Vergangenheit bewährt.

Frage an den Berater: „Woher kommen Sie?"

Berater: „Ich komme aus Kalkutta. Meine Familie sind dort bekannte Schlangenbeschwörer."

Interviewer, leicht gruselnd: „Mmmh…"

Berater: „Schaun Sie mal, unsere Speakers Corner. Das ist unsere Inspirationsecke. Wir laden immer wieder Speaker ein, natürlich Speaker unseres Unternehmens."

Auf einer fluoreszierenden Anzeigetafel war die Keynote des heutigen Tages zu lesen: „Zwölf Schritte zum Erfolg"… auf dieser Bühne führen aber schon drei Schritte zum Abgrund…

Eine Jogginggruppe hechelt vorbei. Dr. Nemo winkt kurz. Der Kollege CEO ist in Begleitung eines größeren Beraterteams. Das Winken Nemos kann er nicht sehen, ihm sind die Augen verbunden, eine Spezialität mancher Beratungsfirmen.

Die Berater laufen plötzlich jeder in eine andere Richtung.

Ein dumpfer Schlag lässt den Interviewer und Professor sich aufmerksam nach ihm umdrehen. Der CEO war allein gelassen gegen die Wand gelaufen, die er eigentlich überwinden wollte.

Nun, Nemo schaute gar nicht hin.

Er gilt als beratungsresistent, was in gewissen Situationen oder angesichts der Historie von Ratschlägen auf Vorstandsebene weltweit operierender Unternehmen sehr wohl als schlau interpretiert werden könnte.

„Beratungsresistenz", so erzählte dem Interviewer später die bezaubernde Elvira, *„ist übrigens eine Worterfindung der Beratungsindustrie."*

„O la la", denkt der Interviewer.

Nemo: *„Schauen Sie mal, meine Stiefel… vielfach geflickt, ein einhundertjahrealtes Erbstück von Mr. Taylor, in denen auch mein ältester Sohn einmal laufen wird…"*

Die hiesigen Doktores und Gelehrten mögen die Stirn runzeln, aber einen gewissen Erfolg kann man Dr. Nemo ja nicht absprechen. Nur, was heißt „Erfolg"…

In dem Moment – der Berater Professor Salsiccia telefonierte gerade wegen seiner entschwundenen Ehefrau – lief Elvira um die Ecke aus dem Schatten einer wundervollen Pinie, im neongrünen engaliegenden Jogging Anzug.

Nemo war in Gedanken versunken.

Interviewer: „Herr Dr. Nemo, können wir beim nächsten Interview über das Betriebsklima, den Umgang mit dem „Du" und Mitarbeiterbefragungen sprechen?"

Nemo: *„Das ist auf den Punkt. Das sind Kernfragen unserer Produktivität… wir haben das alles im Griff! Sie wissen schon, Thema „Mensch", ist ja neuerdings im Fokus."*

Das Interview fand seinen Abschluss im Parkrestaurant. Es gab gegrilltes Antilopenfilet. Der Berater aß geräucherten Tofu, auf Anraten seines Beraters.

Elvira aß Salat und da sie vermutlich die Einzige hier ist, die einen klaren Kopf hat, notierte Sie das nächste Thema zu einem Treffen mit Dr. Nemo am nächsten Dienstag und verabschiedete sich mit einem bezaubernd angedeuteten Bussi oder wie man das in München nennen würde…

Verbesserung des Betriebsklimas
oder „Alles wird gut"
... Eine ernst gemeinte Persiflage

Im Folgenden lesen Sie die Mitschrift eines weiteren Interviews mit Dr. Nemo, CEO von WMIA Incorporated zu Mitarbeiterbefragungen, Verbesserung des Betriebsklimas und zum „Du", dem Umgang miteinander.

Ein neuer Tag ergießt sich orangen flammend, zudem begleitet vom Zirpen der unternehmenseigenen Grillen über Los Straneros, dem Sitz des weltumspannenden und mehr oder weniger erfolgreichsten Unternehmens der Welt, WMIA Incorporated.

Die Grillen sollen bei den Mitarbeitern Erinnerungen an den letzten Urlaub auf Malle wecken, das macht schon mal auf den letzten Metern zum Arbeitsplatz beste Stimmung. Die Fünf-Liter-Schale mit dem dazu korrespondierenden Sangria in der Eingangshalle hat sich nicht bewährt, das gilt auch für die spanischen Flamencotänzer vor dem Fahrstuhl eines jeden Stockwerks...

Sie waren eigentlich zur Steigerung des Wohlfühlfaktors der Mitarbeiter gedacht, wurden jedoch aus Kostengründen abgeschafft und weil sich wegen dieser spanischen Verführer einige Herrschaften stark verspäteten oder tagelang nicht mehr auffindbar waren.

Die Zinnen über dem Schloss, also, um genau zu sein, des 147 Stockwerke hohen Verwaltungsgebäudes von WMIA, eine Nachempfindung des steilsten und schönsten Märchengebäudes von Disney Land in Orlando/Florida glitzern im Frühmorgenlicht und auch die Wogen der sieben Weltmeere weigern sich angesichts des schönen Scheins nicht, dieses Gebäude auf ihren Wellen zu reflektieren... mit leichtem Kräuseln. Schließlich ist es von Menschenhand gebaut und Menschenwerk will ja beachtet und geehrt sein.

Dr. Nemo hatte generös zum frühen Interview geladen.

„Der frühe Vogel fängt den Wurm, Führen durch Vorbild, Sie wissen schon..."

Die Putzfrauen reinigen noch den Fahrstuhl und der Manager für gute Luft im Unternehmen, Dr. Feelgood, ein promovierter (wörtlich übersetzt „vorgeschobener") Herr aus einem bislang nur vermuteten Teil des Universums jenseits der Sterne der Milchstraße habilitiert an der Universität der Träume versprühte die letzten Tropfen aus der Dose des „Alles wird gut"-Deodorants.

Elvira, die bezaubernde Assistentin des Vorstands, empfing den Interviewer in einem atemberaubend dekolletierten, leider nur im Rücken textilfreien, auf den Boden reichenden golden glitzernden Kleid mit einer langen Schleppe aus Feenstaub. Wenn der Interviewer wegen der Morgenstunde, die ja hier wirklich Gold im Munde hatte, nicht so verschlafen wäre, hätte er die sieben Zwerge gesehen, die diese Schleppe trugen.

Na ja, es sind ja nur Leiharbeiter im Land der Märchen und diese Märchen im Verwaltungsschloss von WMIA wechseln täglich... also deshalb Leiharbeiter... früher hätte man sie Eunuchen genannt... obwohl, man mag sich zu ihren Gunsten irren.

Dr. Nemo empfing den Interviewer in seinem Büro. Elvira entschwand kurz, sie hatte zu tun... kam aber gleich mit einem Stapel Papier wieder.

Nemo: *„Schön, dass Sie da sind. Thema Mensch soll es heute sein."*

Interviewer: „Sie interessieren sich für die Menschen, die hier arbeiten?"

Nemo: *„Ja klar!"*

Interviewer: „Für jeden Einzelnen der 463.542?"

Nemo: *„Nun werden sie mal nicht zu konkret..."*

„Ich beschäftige Menschen, die dafür bezahlt werden, sich für Menschen zu interessieren.

Wir haben dafür Werte erarbeiten lassen zum Thema Mensch."

Interviewer: „Welche Werte?"

Elvira blätterte. Pause...

Nemo, etwas ungeduldig: *„Also, wir machen Mitarbeiterbefragungen. Das ist eine Wissenschaft für sich. Neuesten Erkenntnissen folgend reichen wir die Fragebögen nur im Sommer herum und dann auch nur am Freitagabend. Das gibt beste Ergebnisse für die Stimmung."*

Interviewer: „Ist das nicht ein bisschen wenig und in die eigene Tasche gelogen?"

Nemo: *„Mitarbeiter sind ein Produktionsfaktor und das Betriebsklima ist* *ein Gradmesser für neue Bewerber. Deshalb achten wir schon bei der Erhebung der Daten darauf, dass die Ergebnisse stimmen und wir attraktiv sind."*

Anmerkung des Interviewers: Dem Gedanken kann man eine gewisse Professionalität nicht absprechen. Das ist Zweitsemesterwissen der Soziologie.

Nemo: *„Wir haben das Thema Mensch und seine Befragung, also die Ergebnisse operationalisiert. Eine Software, die wir von einem deutschen Unternehmen gekauft haben, liefert immer saubere Ergebnisse der Auswertungen."*

Interviewer. „Hat das Betriebsklima nicht auch einen Einfluss auf die Produktivität?"

Elvira reicht die Zahlen.

Nemo, ohne auf das Papier zuschauen: *„Produktivität stimmt. Elvira, wo sind die Ergebnisse der letzten Mitarbeiterbefragung?"*

Später stellte sich heraus, dass die inzwischen ja abgeschaffte Humor Ressource Abteilung für die Auswertung zwei Jahre gebraucht hatte, auch ein Grund, weshalb sie ausgesourced wurde. Die Ergebnisse fand Elvira, der man jede gute Absicht unterstellen kann, jedenfalls nicht in den Vorstandsvorlagen, im Papierkorb hatte sie allerdings nicht nachgeschaut.

Interviewer. „Wie stehen Sie zum „Du", was ja eine schon persönliche Ansprache eines Menschen ist?"

Nemo: *„Wir haben herausgefunden, dass man jedenfalls in Deutschland zum Beispiel anstelle des „Du", das „man" benutzen sollte. Also „Wie fühlt man sich so" kommt gut an und wird auch schon erfolgreich praktiziert."*

Elvira warf ein, dass man anstelle „man" auch neuerdings „frau" sagt, natürlich kleingeschrieben... Der Einwurf ging unter.

Nemo: *„In Amerika heißt es übrigens nicht mehr „You", sondern die Kurzform, nur der Buchstabe „u"; eine Anrede, die haarscharf neben den Menschen zielt und ihn trotzdem vermeintlich meint. Die Anglos reagieren sogar darauf."*

Nemo schlug sich vor Lachen auf die Schenkel.

Nemo: *„Wissen Sie, hier aus der Konzernzentrale sind solche Fragen von*

Irgendwo ganz klein… so wie man vom Monde auf die Erde blickt."

Der Interviewer dachte im Stillen: „Wer ist denn der Mond, wer die Erde…?"

Und wenn Dr. Nemo am Ende des Interviews gesagt hätte: „Und nun liebe Kinder schlaft und träumt schön…" wäre dies auch in Ordnung gegangen.

Der Interviewer ging mit Elvira zum Fahrstuhl. Die sieben Zwerge, ihre Schleppenträger – übrigens Gastarbeiter aus Sizilien, die wegen ihres kleinen Wuchses auch „terrone" genannt werden, also diejenigen, die sich bücken – waren wegen der Einhaltung der Arbeitszeiten und weil ihr Subunternehmer ihnen ihren Lohn seit 2 Monaten vorenthielt, verschwunden.

Die Feenstaubschleppe verhakte sich am Hinweisschild zur Abteilung Humor Resources… das Kleid von Elvira rutschte… der Interviewer wollte ihr ja nur behilflich sein.

Zu früh gefreut… der Compliancemanager, Herr Dr. Do So As If, eine Position, die vom Arbeitsamt ausschließlich für Blinde und Gehörlose ausgeschrieben wird, roch in allerletzter Minute die Begierde, fuchtelte wild und hielt die Hand dazwischen:

„Hier gibt es keine Bestechung… WMIA ist clean…"

Der Interviewer hat das alles mitgeschrieben.

Als er in seine Jackentasche griff, fand er einen Zettel. Handschriftlich von Elvira.

Herr Dr. Nemo lädt Sie nächsten Dienstag in sein Ferienhaus ein, eine Homestory.

Es ist wie im Märchen… oder nicht oder doch oder okidoki?

Im Ferienhaus von Dr. h.c. Any Nemo
Eine Homestory oder „Schachmatt"
... Eine ernst gemeinte Persiflage

Im Folgenden lesen Sie die Mitschrift eines weiteren Interviews mit dem CEO der WMIA Incorporated, Herrn Dr. h.c. Any Nemo.

Es ist schon eine besondere Ehre, vom CEO des weltgrößten und mehr oder weniger erfolgreichsten Unternehmens der Welt in sein Ferienhaus eingeladen zu werden.

Häuser sind ja steinerne Visitenkarten, wenn sie nicht gerade aus den Ideen eines aktuellen Designers und Innenarchitekten eine gewisse Beliebigkeit beziehen.

Dr. Nemo ist da von einem anderen Schlage. *„Ich habe dieses Haus selber entworfen und alles, was Sie dort finden werden, ist meine Idee."*

Elvira lächelte. Ein Lächeln, das nur Frauen beherrschen, wenn sie Männern, jedenfalls solchen, die noch Wert darauf legen, echte Kerle zu sein, lauschen.

Zum Ferienhaus flog man vom firmeneigenen Flugplatz.

Die Maschine, die die Passagiere die 300km in der Zeit, in der man normalerweise in einer Szenebar in Dortmund auf ein Bier wartet, zum Ziel bringen würde, war eine zweistrahlige 5-sitzige Cessna Citation Mustang, ausgestattet mit zwei Pratt & Whitney PW615F-A, deren Schub zu beherrschen, die Erfüllung aller Träume eines 5-jährigen unterm Weihnachtsbaum weit übertreffen würde und für dessen Erlebnis von Macht auch heute noch alle Weihnachtskekse unbeachtet bleiben würden.

Der kleine Jet darf auch von einem Piloten allein geflogen werden, also ganz nach dem Geschmack von Dr. Nemo. Er hat natürlich eine Pilotenlizenz, jedenfalls für Flugzeuge, sogar eine IFR-Lizenz, Instrumental Flight Rules, das heißt, er darf auch bei Nebel fliegen. Also, er fliegt wie immer selbst... sozusagen himself... eine englische Version des „Ich mach es selbst", die an Eindeutigkeit nichts vermissen lässt... und die gilt auch im Nebel oder „egal, was kommt, we make it all", WMIA Incorporated...

Husch ins Flugzeug, welch Luxus... kein Warten, Schlange stehen und Elvira nahm wie selbstverständlich ihren gewohnten Platz auf einem schon fast als lasziv zu bezeichnenden rosa Ledersessel ein und schlug ihre langen Beine so gekonnt übereinander, das dem Interviewer alle in diesem Falle naheliegenden Sünden dieser Welt einfielen.

Dr. Nemo sitzt im Cockpit.

Interviewer. „Haben Sie keinen Copiloten?" Eine berechtigte Frage, jedenfalls aus der Sicht eines normalen Menschen, der Jets eigentlich nur aus dem Flug nach Malle kennt oder sonst wohin ans Mittelmeer.

Nemo: *„Da, wo der Copilot früher saß, liegt heute meine Mütze…"*

Letztere Bemerkung… so denn sie einen realen Bezug aufs Management hat… würde bedeuten, dass alle Ideen zur Delegation, Mitverantwortung und was auch immer erfunden wurde, gleich ins Antiquariat des Buchhändlers um die Ecke geschickt werden könnten…

Aber wir fliegen hier ja nur und auf dem Jet steht das Firmenzeichen von WMIA und sind auf dem Wege zum Ferienhaus des CEO, da kann man ja schon mal Fünfe gerade sein lassen.

Dr. Nemo kreiste vor dem Anflug auf den Privatflugplatz über das Anwesen.

Zwölf Straßen, einem Uhrenzifferblatt gleich, führten, so kann man es von oben erkennen, sternförmig zum Haus.

Dr. Nemo: *„Wir gehen mit der Zeit. Uns schlägt immer die berühmte Stunde auf dem Wege, wohin wir wollen"*… Dabei lachte er, kippte in eine Steilkurve, ging in einen Sturzflug und fuhr in letztem Moment das Fahrwerk aus.

Na Gott sei Dank, Bodenberührung, dachte der Interviewer… Wenn er sich da nicht mal irrt…

Das Haus des Dr. Nemo hat keine Fenster. Anstelle dessen werden in fensterähnlichen Rahmen Videoanimationen gezeigt, links das Nordkap, rechts das Mittelmeer, hinter einem die Alpen, unterbrochen von Werbeclips über WMIA Incorporated und auf Knopfdruck gab es alle Anblicke dieser Erde auch in 3D und mit entsprechendem Duft der großen weiten Welt.

„Die Welt von morgen", schmunzelt Dr. Nemo,
"…heute schon in meinem Haus."

Elvira kümmert sich um das leibliche Wohl, also erst mal einen Espresso.

Die Küche des Hauses ist voll digitalisiert. Ein Roboter Punkt 4 XfürU macht nach genau programmierter Anleitung einen Espresso.

"Wir haben die Arbeitsteilung auf die Roboter übertragen," sagt Nemo, *"das geht einfacher als bei Menschen."*

Elvira griff dann doch in die Zubereitung ein, sie ist eben eine Feinschmeckerin des Lebens und so sagte sie: *"Ein bisschen Handarbeit muss sein, sonst schmeckt der Espresso nicht."* Dann drehte sie sich zum Interviewer und blickte ihm tief in seine Augen... Boah ey, dachte der Interviewer... Allerdings stellte es sich heraus, dass sie in den sich spiegelnden Gläsern seiner Sonnenbrille nur den korrekten Sitz ihres Make-up kontrollieren wollte.

Man war frisch gestärkt und Dr. Nemo meinte launig: *"Ich zeige Ihnen jetzt mal unser Incentive-Programm. Das Domizil teile ich natürlich mit meinen besten Mitarbeitern. Diese Woche sind die Verkäufer hier."*

Im Garten ist ein überdimensionales Schachbrett auf den Rasen gelegt.

Auf ein Zeichen des bereits bekannten Tanzmeisters Knaak, um dessen fette Hüften sich sein Frack so herrlich schmiegt, flatterten jeweils 16 Damen und Herren, verkleidet als Schachfiguren auf den Rasen.

"Wir verbinden das Vergnügen, hier zu sein, natürlich mit einem Zweck. Das ist ein Assessmentcenter. Man spielt solange, bis einer übrigbleibt."

"Worauf kommt es denn bei diesem Spiel oder Assessment an?", fragt der Interviewer.

"Keine Ahnung. Wichtig ist, dass wir einen auswählen, der stark genug ist. Wer übrig bleibt, ist King... Sie können doch Schach spielen, oder?"

„Mmmmh..." verkniff sich der Interviewer.

„Apropos Verkäufer, darf ich Sie am nächsten Dienstag zur gewohnten Stunde einmal über Ihren Verkauf interviewen?"

Dr. Nemo: *"Selbstverständlich, Sie werden erstaunt sein, wie erfolgreich wir sind."*

Der Interviewer fuhr dann mit dem Auto nach Hause. Elvira begleitete ihn. Eine schöne Geste, sonst ging ja man nur die paar Schritte gemeinsam zum Fahrstuhl.

Sie schlief während der Fahrt. Eine perfekte Assistentin, denn sonst reden Damen den Herren ja immer wegen ihrer Fahrweise dazwischen.

Verkauf bei WMIA Incorporated
oder „Wasser und Wunder"
… Eine ernst gemeinte Persiflage

Im Folgenden lesen Sie die Mitschrift eines weiteren Interviews mit dem CEO der WMIA Incorporated, Herrn Dr. h.c. Any Nemo zum Thema „Verkauf".

Man ist im Vorstandsbüro von WMIA Incorporated, dem größten und mehr oder weniger erfolgreichsten Unternehmen der Welt.

Dr. Nemo, leicht gebräunt vom Kurzurlaub winkt dem Interviewer freundlich zu und lädt ihn ein, auf dem neu angeschafften Louis XIV Stuhl Platz zu nehmen. Neu im Büro ist ein ebenfalls antiker kleiner Tisch, extra für den Besucher, der zwölfmal mit transparentem Klavierlack zum Preise eines Kleinwagens behandelt wurde und auf dem sich ein normaler Mensch noch nicht einmal trauen würde, ein Glas Wasser abzustellen… aber das Wasser-Thema kommt später.

In seiner rechten Hand hält er eine ungefähr zwei Meter lange, von einem Nadeldrucker in kleine Schrift gedrückte Liste der letzten Verkaufszahlen. Mit seiner linken Hand führt er eine Lupe. Elvira sitzt auf der Fensterbank und bedient die auch sonst allgemein bekannte Rolle, von der das Papier abgespult wird und ist immer bereit, für den Fall, dass die Rolle reißt, mit durchsichtigem Klebeband alles wieder zu richten.

„Schön, dass Sie da sind. Thema Verkauf liegt ja heute an. Ich habe gerade die Zahlen von jedem einzelnen meiner Großhandels-Verkäufer."

Interviewer: „Sie arbeiten noch mit Nadeldrucker und Papier?"

Nemo schmunzelt: *„Sie wissen doch… Nur was man schwarz auf weiß besitzt, kann man getrost in den Safe tragen."*

Interviewer: „Erstellen Sie keine Statistiken?"

Nemo: *„Ja klar, aber erst, wenn ich die echten Zahlen gesehen habe. Danach kreieren wir die Ergebnisse. Unser Statistikchef ist ein Meister seines Fachs. Seiner ursprünglichen Ausbildung nach war er ein sizilianischer Friseur mit Migrationshintergrund, den ich direkt seinerzeit von einer Straßenkreuzung wegengagiert habe, als er noch sein Geld mangels solider Arbeitserlaubnis wegen zwölf lächerlicher Vorstrafen mit Jonglieren verdiente. Ich bin ihm sehr dankbar, auf seinem feinen Zahlenwerk* *beruhte übrigens unser Börsengang, aber das ist ein anderes Thema."*

Wenn man bedenkt, wieviel Haare man so auf dem Kopf hat, bringen Friseure ja die besten Voraussetzungen mit, weiter als bis drei zu zählen, dachte der Interviewer, der sich freundlicherweise Mühe gab, diesen Einstellungskriterien zu folgen.

Nemo: *"Schauen Sie mal,"* dabei zog er die Druckfahne mit sich und legte auf den klavierlackigen Mahagonitisch, *„hier sind die Zahlen zu unserem Wasserverkauf!"*

Dem Interviewer fiel ein, dass er auf dem Flughafen gerade 4 Euro Fuffzig für einen halben Liter Wasser bezahlt hatte, eine Menge, die noch nicht einmal den Namen „Pfütze" oder „HohlerZahnFüllung" verdient hätte.

Als hätte Dr. Nemo die Gedanken des Interviewers gelesen, sagte er:" *So banal es ist, es ist margenmäßig unser größtes Geschäft und auch hier sind wir Weltmarktführer!"*

„Sie verkaufen Wasser?"

„Ja, aber nicht irgendein Wasser. Wir haben das flüssigste Wasser der Welt. Das Argument verkauft sich gut. Für die Beschreibung der Analyse des Wassers auf dem Etikett haben wie einen alten Herrn aus Ägypten angestellt, der noch Hieroglyphenschrift beherrscht. Wir sind uns des Informationsbedürfnisses unserer Kunden durchaus bewusst."

Der Interviewer kann das mit den Hieroglyphen sofort nachvollziehen und spürt die Begeisterung Nemos für seine erfolgreichen Produkte. Elvira wickelt die Rolle mit den Zahlen auf und verstaut sie im Safe.

„Jetzt aber, junger Mann, kommt das Beste!", schnarrte Nemo.

Nemo: *„Stichwort „Einwandbehandlung": Wenn einer unserer Kunden sagt, er trinke lieber Wein als Wasser, weisen wir darauf hin, dass unser Wasser aus der gleichen Quelle stammt, aus der Jesus bei der Hochzeit zu Kana sein Wasser bezog. Der Erfolg ist irre. Storytelling zieht so richtig. Aber wir setzen noch einen drauf."*

Nemo schaute den Interviewer stolz an... so ähnlich wie ein kleiner Junge, der gerade neun Bauklötzer übereinandergestapelt hatte.

Interviewer: „Gehen sie da nicht ein bisschen weit?"

Nemo: *„Wissen Sie, der Zweck heiligt die Mittel und da sind wir sehr heilig."*

Er ging flink zu seinem Schreibtisch und zog eine PET-Flasche aus einer Schublade.

Nemo: *„Wissenschaftler haben herausgefunden, dass es eine Direktleitung vom Hirn unserer Kunden in ihre Geldbörse gibt."*

Elvira verdrehte bei dem Wort „Wissenschaftler" die Augen und räusperte sich.

Nemo: *„Die Direktleitung hört auf den Namen „Wunderglaube" und Heilige bewirken ja bekanntlich Wunder."*

Er hielt die PET-Flasche hoch. Auf dem Etikett war ein hagerer leicht bärtiger wassertrinkender Mann mit Heiligenschein abgebildet, der so aus sah wie jemand, der schon seit 2.000 Jahren nicht mehr lebt.

Nemo: *„Ein Bild sagt mehr als tausend Worte und ist es nicht wunderbar? Der Mann ist übrigens unser Marketingchef. So sieht man aus, wenn man fünf Marathons hinter sich hat."*

Nemo war so begeistert über sich und die Idee mit dem heiligen Wasser, dass er im Schwange seines sehr flüssigen, um nicht zu sagen überflüssigen Vortrags sein Wasserglas umriss. Elvira eilte herbei, zog aus ihrem eigentlich nicht notwendigen Wonderbra – auch dies ein Produkt von WMIA aus der Abteilung „Illusionen" – mangels eines Schwamms die Schaumeinlage heraus und wischte den Fleck weg. Der Interviewer schaute mit anständigen Gedanken sofort zur Seite.

Irgendwie war das alles hier außer Rand und Band geraten… Erfolg macht scheint's doch besoffen.

Elvira geleitete den Interviewer nach dem Gespräch wie immer zum Fahrstuhl. Jetzt oder nie!, dachte der Interviewer, „Elvira, darf ich Sie einmal interviewen?"

Elvira sagte zu.

Ihr „Ja" zum Interview war dieses „Ja", dessen Intonation nur Frauen beherrschen und das sich so anfühlt, als würde eine schöne Zukunft Dir am Ohr zupfen…oder auch nicht.

„Nächsten Dienstag, wie immer…", sagte sie und der Interviewer nahm sich noch eine Flasche WMIA-Wasser… aus dem Kasten vor dem Fahrstuhl.

Interview mit Elvira
Assistentin von Dr. h.c. Any Nemo oder „carpe diem"
... Eine ernst gemeinte Persiflage

Es ist Dienstag. Ein besonderer Dienstag. Heute steht ein Interview mit Elvira auf dem Kalender. Elvira ist die persönliche und einzige Assistentin eines der mehr oder weniger mächtigsten Männer der Welt, Herrn Dr. h.c. Any Nemo, seines Zeichens CEO der weltumfassenden WMIA Incorporated, Los Straneros.

Der Interviewer wie sicher auch alle interessierten Leser erwarten dies Interview mit Spannung.

Elvira empfing den Interviewer in ihrem Büro auf der gleichen Etage, in dem die Vorstände residieren. Es war gleich neben dem von Dr. Nemo im 124. Stockwerk.

Doch welch ein Unterschied im Ambiente. Ihr Schreibtisch war ein kleiner alter Sekretär, davor ein kuscheliger Sessel, an den Wänden hingen Bilder, schwarzweiß... sie zeigten Impressionen der Straßen von Napoli vielleicht aus der Zeit als Fellini dort den Film „La Strada" drehte.

Ein großes Bild von Anthony Quinn, das Bild vom Zampano, eine Wortschöpfung Fellinis, die als der „Große Zampano" in den allgemeinen Sprachgebrauch überging, bedeckte eine Tür.

In welchen Nachbarraum die führte, brauchte der Interviewer nicht zu fragen, es ergibt sich aus der Organisationsstruktur von WMIA Incorporated.

„Mein Herr", so begrüßte Elvira den Interviewer.

Dem sonst gut vorbereiteten Interviewer entglitt schon jetzt der geistige Griffel aus dem Hirn. Als gebürtiger Dortmunder fiel ihm in dieser Situation nur noch „Boah ey" ein. Elvira beeindruckte nicht nur durch die Schlichtheit der Ansprache, diesem eleganten Respekt, der in der Anrede „Mein Herr" liegt und eigentlich der Traum aller Kerle ist.

Nein viel mehr. Sie trug heute einen Wedel, anders kann man das nicht nennen, also sachlich ausgedrückt, ein Kleid, dessen Eleganz auf ihrem Körper tanzte und dessen Fahnen, das würde es treffend bezeichnen, oben am Hals von einem Ring mit einem ordentlichen Diamanten sowie von zwei himmelblauen changierenden Saphiren und vier blutroten Rubinen im Facettenschliff zusammengehalten wurde.

Dieser Überfluss paarte sich wie ein Dialog mit der Selbstverständlichkeit ihres „wie sie so dastand", die den Betrachter mit in eine Zauberwelt führte, ihn Anteil nehmen ließ…

Woran… an ihrer Schönheit und der Sprache der Edelsteine, die ja bekanntlich die Geheimnisse des Lebens in sich bergen und hinter denen eigentlich der Mensch Elvira das Leuchten in dem Wert der Steine ist.

Manche Momente in Begegnungen verlassen das Stakkato der Zeit, sie steht still, läuft rückwärts oder hin und her… man kann das auch Träumen nennen. Und das im 124. Stockwerk von WMIA Incorporated.

Elvira: *„Darf ich Ihnen ein Wasser anbieten?"*

„Ja, danke…"

Elvira warf dem Interviewer von ihrem Schreibtisch eine Halbliter-PET-Flasche aus zwei Meter Entfernung in den Schoss… das Auffangen riss den so Überraschten in das berühmte „Hier und Jetzt". Überraschungen sind ja die Essenz des Lebens…

„Elvira, Sie sind die persönliche Assistentin eines der mächtigsten Männer der Welt. Woher kommen Sie?"

„Ich komme aus Napoli. Meine Mutter war Wäscherin. Meine fünf Geschwister und ich verkauften geschmuggelte Zigaretten in den Straßen. Die Packungen waren auf einer Holzbank festgezurrt. Wenn die Polizei kam, drehten wir die Bank um, die Zigaretten waren nicht zu sehen und riefen: „Schöne Holzbank zu verkaufen."

Hat gut funktioniert. Manche nennen das heute Flexibilität oder „Going with the Flow."

„Welche Ausbildung haben Sie?"

„Ich habe mir mit dem Zigarettenverkauf eine Ausbildung zur Kindergärtnerin finanzieren können und war vier Jahre in Napoli in einem Kinderheim für schwer erziehbare Jungens."

„Wie gelang Ihnen der Schritt in ihre doch beachtliche Position?"

„Dr. Nemo besuchte im Rahmen des sozialen Engagements von WMIA Incorporated unser Heim. Beim gemeinsamen Frühstück bekleckerte sich Dr. Nemo mit dem Kakao aus seiner Tasse. Der Fleck war ihm peinlich. Er war genau an der Stelle seiner Hose, wo er wirklich nicht hingehört."

Elvira lachte mit einer Selbstverständlichkeit über diese Episode, die nur denjenigen innewohnt, die das Leben auch von unten kennen, sozusagen.

Und fuhr fort: *„Ich habe ihm den Fleck weggewischt."*

Nemo hat sie daraufhin eingestellt, als seine persönliche Assistentin. Er hat das nie begründet.

Spötter würden sagen „She got him by the balls", etwas edlere Menschen würden Dr. Nemo verstehen. Elvira ist einfach ein praktischer Mensch.

Der HR Officer wollte noch die Zeugnisse von Elvira sehen. Nemo wischte ihn weg.

„Nun," sagte der Interviewer, so weit so gut. „Was ist das, was Sie jetzt tun?"

„Ich tue im klassischen Sinne nichts."

„Wie, Sie tun nichts?"

Dabei fiel der Blick des Interviewers auf einen Vorhang. Elvira stand auf und zog ihn zurück. Hinter dem Vorhang war eine elektrische Eisenbahn.

„Dr. Nemo kommt manchmal und wir spielen Eisenbahn. Da liegt seine goldene Trillerpfeife, damit gibt er die Kommandos."

Die Vorstellungen des durchaus im Management bewanderten Interviewers zerbröselten. Insofern fielen ihm nur noch lapidare Fragen ein wie zum Beispiel: „Wie alt sind Sie, wenn ich mal fragen darf?"

Elvira: *„Wenn Sie weiter als drei zählen können, sind Sie auf dem richtigen Wege. Noch ein Wasser?"*

Der Interviewer lehnte dankend ab, da die Bedienung mit Wasser aus zwei Metern Entfernung doch einige Risiken in sich birgt und die Flecken auf der Hose stehen ja nur dem CEO zu.

Elvira: *„Wir sind gerade in Planung unserer Strategie. Dr. Nemo würde Sie einladen, an der Sitzung teilzunehmen…"*

„Gern, ich komme am nächsten Dienstag."

Elvira begleitete den Interviewer bis vor das marmorne Portal des Verwaltungsgebäudes von WMIA Incorporated.

Jemand verkaufte ein paar Schritte weiter stangenweise Marlboros. Der Interviewer kaufte alle…

Strategiegespräch über die Zukunft bei WMIA Incorporated
oder „Es fährt ein Zug nach Nirgendwo"
… Eine ernst gemeinte Persiflage

Das folgende Interview bzw. die haarsträubende Beschreibung einer Vorstandssitzung zur Strategie im erweiterten Führungskreis bei WMIA Incorporated, dem größten und mehr oder weniger erfolgreichsten Unternehmen der Welt in Los Straneros, hat einen realen Hintergrund. Sie hat tatsächlich so oder so ähnlich in einem Großunternehmen stattgefunden. Die Szene ist natürlich verfremdet, Variationen einer Übereinstimmung mit der heutigen Realität, die ein jeder für sich in seinem Umfeld finden mag, sind gewollt.

Getreu der allseits bekannten und besonders am Wochenende wenig beachteten Volksweisheit „Morgenstund' hat Gold im Mund" zeigte der Zeiger der Uhr die sechste der morgendlichen Stunden, zu der dies Treffen angesagt war.

Nemo: *„Good morning, Ladies and Gentlemen."*

Die Amtssprache dieses Weltunternehmens ist natürlich englisch. Der Interviewer berichtet deutsch, man möge ihm Fehler in der Übersetzung verzeihen.

An „Ladies" fehlte es allerdings in der Runde, wenn man von den beiden rosa denkenden Vorstandsmitgliedern absah.

Anwesend war auch ein Berater der Firma McComic, der allerdings keinen Spaß verstand. Der Interviewer war ihm ein Dorn im Auge… McComic wittert an jeder Ecke Konkurrenz… man macht sich ja mit der Schreiberei nicht nur Freunde.

Der zuständige Vorstand für Unternehmensentwicklung, Herr Honorar-Professor Dr. Straightline, hatte eine Eisenbahnschiene, gefertigt aus Sperrholz, mitgebracht. Sie war auf zwei Holzböcken gelagert, mit schönen Farben bemalt, die aus dem Tuschkasten des Hausmeisters stammten, in dem die mahnende Farbe „Schwarz" als Kontrapunkt zum Optimismus getreu der Firmenphilosophie natürlich nicht existierte.

In regelmäßigen Abständen hing an der Schiene ein Zettel mit der Beschreibung des nächsten Schrittes in die Zukunft, man nennt das „Deadline"… auf eine wörtliche Übersetzung dieses Begriffes wird hier aus Respekt verzichtet… und daneben ein kleines Bahnhofshäuschen mit einer Miniatur des Bahnhofsvorstehers, die entfernt der Figur Herrn Dr. h.c. Nemo ähnelte.

Nemo hatte den Bestseller aus der Ratgeberserie: „Eternal Answers" mit dem Titel "Der Zug der Zukunft" gelesen. Für ihn eine wegweisende Inspiration, die er sozusagen als begleitendes Szenario der Strategiesitzung von WMIA Incorporated gern nutzte.

Die Vorstände hatten deshalb heute Eisenbahneruniformen an, sie stammten aus dem Museum des Unternehmens, das den Grundstock zu seinem Reichtum mit Eisenbahnen verdient hatte, also auf geraden Schienen in die Zukunft lief und deren Endstücke inclusive Prellbock heute noch auf dem Bahnhof der Farm „Never Land" des Popsängers Michael Jackson ihren ehrenden Platz in der Geschichte des Erfolgs haben.

Elvira traf später ein und als sie das Spektakel sah, war sie so entsetzt, dass sie in ihre Muttersprache verfiel und ausrief; „*Che cosa…*", was in diesem Zusammenhang übersetzt so etwa heißt „Hast Du noch alle Tassen im Schrank."

Die Verkleidung der Vorstände in Eisenbahneruniformen war eine Idee des Beraters und Nemo hatte seinen Satz beherzigt: „Der Zug darf nicht ohne uns abfahren…" und irgendetwas mit dem Zug der Zeit hatte er wohl auch zu wörtlich genommen.

Es ging um die Strategie für die nächsten 10 ½ Jahre.

Herr Honorar-Professor Dr. Straightline, Mitglied des Vorstands, trug vor. Da solche Vorträge und die anschließende Diskussion immer den gleichen Inhalt haben, wird hier auf eine Darstellung verzichtet.

Also zum Beispiel, um dann doch die Neugier aus dem Blick durchs Schlüsselloch zu befriedigen: Der Finanzchef mit Spitznamen Dr. No wendete dem Honorar-Professor Dr. Straightline gegenüber getreu der Tradition und aufgabengemäß das ein, was Elvira schon vorher im Protokoll festgehalten hatte. Vor ihm lagen übrigens die immer wieder zitierten paar Erbsen, die er bis auf den heutigen Tag noch nicht zu Ende gezählt hatte und immer wieder von vorne anfing.

Die Vorstände erhoben sich vor der ersten Pause und sangen das Lied

„Wir sind die Zukunft", eine Variation des Ohrwurms „We are the champions" und marschierten im Kreis. Nemo gab mit seiner goldenen Trillerpfeife den Takt vor... Zukunft eins, Zukunft zwo, Zukunft drei, Zukunft vier... Seitenschritt und Zukunft zwo, drei, vier und Seitenschritt...

Die beiden Gay People im Vorstand spielten Dame und Herr, wobei der eine von ihnen Schwierigkeiten hatte, bis drei zu zählen, geschweige denn bis vier, wie es der Takt der Zukunft gebot.

Die Vorstände tranken Wasser, jenes heilige Wasser, was einer der Ertragspfeiler des Unternehmens ist. Allerdings enthält die Vorstandsversion des Getränks einiges an heiliger Geistigkeit, so ungefähr 62,5 Prozent.

Der Interviewer kannte die Herren Vorstände aus anderen Unternehmen, einer von ihnen war sogar sein Professor an der Universität, ein Autor unzähliger oder auch unseliger Bücher. Die Herren sind ja nicht blöd, dachte der Interviewer, aber sie sind mit Verlaub gesagt, besoffen.

Das letzte Mitglied der Eigentümerfamilie am Tische der Entscheidungen träumte von der Vergangenheit, für ihn war sowieso der Zug schon lange aus der Halle.

Der Berater fühlte sich mal wieder nicht gesehen. Hager von Gestalt war er und auch sonst sehr kantig, stocknüchtern und marathongestählt, was ihn aber nicht besonders wertvoll macht, zumal der grundlegende Satz von „Meet the client at his world" nicht zu seinem elaborierten Harvard-Weltbild passt.

Elvira legte Dr. Nemo einen vorbereiteten Text vor. Die Ausarbeitung des Textes war der Grund für ihre Verspätung.

Nemo: *„Meine Herren! Wir müssen die Zukunft anders sehen als bisher! Trivial and Error gilt nicht mehr."*

Elvira zwinkerte ihm zu, ein verabredetes Zeichen, dass Nemo einen Fehler gemacht hatte.

Nemo: *„Äh, mmmh... also Trial-and-Error gilt nicht mehr. Die Zukunft ist komplexer geworden. Wir können ihr nicht mehr mit unserem lapidaren Denken begegnen."*

Elvira zwinkerte schon wieder.

Nemo: *„Äh, mmmh... mit unserem linearen Denken begegnen."*

Und er führte weiter aus: *"Diese Komplexität ist jenseits der Ratio und nur mit Inspiration zu begegnen. Inspiration zur Bewältigung unserer Aufgaben ist der Tool in die Zukunft. So hat mein Großvater vor 100 Jahren auch schon gehandelt."*

Im Großen und Ganzen war es das mit der Strategiesitzung auf höchster Ebene.

Elvira begleitete den Interviewer zum Fahrstuhl.

"Ich werde Dr. Nemo vorschlagen, dass wir uns mal zum Thema Komplexität der Zukunft unterhalten. Irgendwie ist das eine offene Frage. Wir sehen uns nächsten Dienstag."

Auf den Bildschirmen in der Eingangshalle flimmerten kleine Filme von Zügen, die ins Nirgendwo führten.

„Aber warten wir ab...", dachte Interviewer.

Komplexität bei WMIA Incorporated
oder „Game over"... Eine ernst gemeinte Persiflage

WMIA Incorporated hat zwar nicht die Hand am Puls der Zeit, natürlich aber den Finger, den kleinen Finger, mit dem ja bekanntlich alles, jedenfalls auf Vorstandsebene der Unternehmen, erreichen kann.

Das Thema „Komplexität" findet selbstverständlich Beachtung und Würdigung.

Dr. h.c. Any Nemo lud daher zum Interview.

Das Gespräch findet im gepflegten satten Grün des unternehmenseigenen Parks von WMIA Incorporated, das jedem Golfplatz auf Malle zur Ehre gereicht hätte, statt.

Nemo: *„Wir haben uns mit dem Thema „Komplexität" gründlich beschäftigt. Insbesondere unser Unternehmensentwicklungsvorstand, Herr Hon-Prof. Dr. Straightline und unser HR-Chef Mr. Leftover haben dazu wertvolle Beiträge geleistet."*

Auf dem Platz hat man Drähte und Gitter verlegt, kreuz und quer gespannt, die auf vielfältige Weise zufällig miteinander verbunden sind oder auch nicht. Auch ein kaputtes Mikadospiel (wer das nicht kennt, fragt eben mal seine Oma) lag herum.

Das alles ist mit Hilfe des Hausmeisters zusammengekarrt.

Nemo: *„Hier findet die Auswahl der Führungskräfte für das Zeitalter der Komplexität statt."*

In der Mitte der Installation liegt ein roter Ball, den es zu bewegen gilt.

Nemo: *„Wer ihn bewegt, das heißt, den richtigen Draht zieht, um den Ball zu bewegen, hat gewonnen und wird Komplexitätsmanager seiner Abteilung. Wir haben inzwischen 128 Komplexitätsmanager mit steigender Tendenz."*

Zugelassen zur Qualifikation sei jeder Manager, bevorzugt solche ohne bisher erkennbaren Arbeitsbereich. Die Manager müssen allerdings in den Test aus eigener Tasche investieren.

Am Spielfeldrand stehen Automaten, mit denen man vor dem Drahtziehen Wetten darauf abschließen kann, ob man es schafft, mit einem Zug an einem losen Drahtende, die in reichlicher Zahl am Rand des Spielfelds liegen und mit unterschiedlichen Farben bemalt sind... Manche sind sogar mit einer kleinen Leckerei versehen, also beispielsweise einem 19 Euro Schein, die die Akteure zum Handeln einladen, den Ball zu bewegen.

Interviewer: "Mmmmh..."

Nemo: *„Das ist der Vorteil dieser neuen Mode, Komplexität entzieht sich ja klassischer Ausbildung und die HR-Abteilung meint, dass die Teilnehmer schon einen gewissen Einsatz zeigen sollen, den sie dann in den Automaten am Spielfeldrand stecken.*

Kupfermünzen sind nicht zugelassen, sie gelten als Selbstunterschätzung und mangelnde Charakterstärke, sie sind ein K.O.-Kriterium."

Der Interviewer schluckt. „Dann ist das hier alles ein Spiel?"

Dr. Nemo hat die Frage überhört.

„Wir nutzen die Komplexität auch für unser Investmentbanking. Früher haben wir über die Investments gewürfelt, was natürlich keiner wissen durfte. Heute erklären wir alles, auch die Fehlschläge mit der Komplexität des Wirtschaftslebens. Tolle Erfindung. Unsere Kunden gewinnen natürlich immer, hauptsächlich an Erfahrung."

Aber auch andere Begriffe aus dem Dunstkreis der Komplexität sind an WMIA Incorporated nicht vorbeigezogen.

WMIA Incorporated hat für spezielle Unternehmensteile, so erzählt Dr. Nemo, also für die Produktion von Wasser und Bademoden einen Agilitätsmanager eingestellt. Auch in dieser Beziehung ist man ganz vorne, wenn es um moderne Denkansätze geht.

Der Agilitätsmanager ist ein ehemaliger Inhaber eines Fitnessstudios. Er ist ein Meister darin, den Takt vorzugeben, von dem die Kunden noch nicht einmal ahnen und neue Fitnessgeräte hinzustellen, die der Zeit voraus sind.

Er war in seiner vorigen Tätigkeit daran gescheitert, dass er der Zeit zu weit voraus war und den Begriff agil mit geil verwechselt hatte, was natürlich auch sonst zu nicht unerheblichen Irritationen geführt hatte.

Elvira errötete bei der Erzählung Dr. Nemos dezent gekonnt, wie es nur Damen in einem solchen Zusammenhang vollbringen.

Nemo: *„Neuerdings müssen wir uns auch mit destruktiven... äh...*

hmmm... disruptiven Entwicklungen auf dem Markt beschäftigen. Disruptiv ist etwas, das wir schon lange kennen. Ist nur neu betitelt. Wir bauen diese neuen Gedanken einfach in unser System ein.

Der Umgang mit diesen Störenfrieden hat eine schon vor 80 Jahren bewährte Dramaturgie, angelehnt an den Film „Once upon a time in the West". Wir haben uns mit dem Film beschäftigt, der übrigens die Historie unseres Unternehmens beschreibt."

Um es kurz zu fassen: WMIA Incorporated hat spezielle Mitarbeiter dafür eingestellt, dass das „Unkraut", wie Dr. Nemo es nennt, nicht in den Himmel von WMIA Incorporated wächst.

Die Aufgabe dieser Handvoll Mitarbeiter ist es, die Disruptiven zu identifizieren und ihnen einen höflichen aber bestimmten Besuch abzustatten.

Das Auswahlkriterium für diese Herren liegt darin, dass sie so aussehen, wie seinerzeit im Film der verwitterte Charles Bronson, der ja „ein Gesicht hat, mit dem man eine Lokomotive stoppen könnte."

Interviewer: „Sind das nicht Wildwest-Methoden?"

Nemo: *"Business is no kissing game."*

Elvira hat während des Interviews die Automaten am Spielfeld geleert und zählt die Einnahmen. Frauen sind eben doch praktisch veranlagt.

Interviewer. „Wir wollten doch über Komplexität sprechen?"

Nemo: *„Haben wir doch. Wie Sie sehen, haben wir alles im Griff!"*

Der Interviewer zog noch an einem der Drähte, um den Ball zu bewegen.

Wie zu erwarten, rührte sich nichts.

Dr. Nemo schmunzelte.

Nemo: *„Wir sollten mal über den Umgang mit Fehlern sprechen. Da sind wir auch ganz weit vorne. Also bis nächsten Dienstag!"*

Fehler bei WMIA Incorporated
oder „Errare humanum est"
... Eine ernst gemeinte Persiflage

Das heutige Interview mit dem CEO von WMIA Incorporated, Herrn Dr. h.c. Any Nemo, berührt den Nerv aller Menschen. Es geht um die Fehler, die eigentlich immer passieren.

Der Interviewer ist wie immer bestens vorbereitet. Es gibt in der Industrie ja verschiedene Konzepte über den Umgang mit Fehlern, was er allerdings heute lernen wird, haut dann doch dem Fass den Boden raus.

Dr. Nemo war wie immer gut gelaunt, kein Wunder bei einer solchen makellosen Assistentin wie Elvira.

Auf seinem Schreibtisch liegt eine durchlöcherte Jeans.

„Schön, dass Sie da sind.", schnarrte der CEO.

„Zum Thema „Fehler" möchte ich Ihnen etwas zeigen. WMIA Incorporated ist auch hierbei ganz weit vorne. Vorab: Wir arbeiten nach dem Nullfehlerprinzip."

Interviewer: „Aber Fehler passieren doch. Das ist doch ganz normal."

Nemo: *„Nicht bei uns, wir sind fehlerfrei!"*

Dann hielt er die Jeans hoch.

„Sehen Sie die Löcher in der Jeans? Dies ist das Urmodell der löchrigen Hosen. Es passierte in der Produktion. Jemand hatte zu viel Bleichmittel in die Färbung getan."

Interviewer: „Dann passieren also doch Fehler bei Ihnen..."

Nemo schmunzelte. *„Wissen Sie, junger Mann, Fehler sind eine Sichtweise, eigentlich gibt es sie nicht."*

Interviewer: „Aber Löcher in der Jeans sind doch Fehler, oder?"

Nemo: *„Klassisch gesehen, ja. Aber ein Weltmarktführer wie wir sieht das anders. Wir haben aus den löchrigen Jeans eine Mode gemacht. Das funktioniert. Wir stellen die Welt auf den Kopf. Kaputte Jeans sind der Renner. Wollen Sie da noch von Fehlern sprechen?"*

Interviewer: „Ja gut, das gilt vielleicht für Jeans..."

Nemo: *"Das gilt überall. Es gibt keine Fehler für WMIA Incorporated und wenn mal was nicht so läuft wie es soll, machen wir daraus eine Mode."*

Elvira servierte einen Café, einen Café macchiato, das heißt, der Café hatte eine Spur Milch, also Flecken, wie der Name sagt.

Nemo: *"Schmeckt es?"*

Interviewer: „Ja, ich mag diesen gefleckten Café."

Nemo: *"Der Ursprung dieses Cafés wurde von meinem Großvater in Italien gelegt. Ein Kellner hatte die Tasse nicht richtig ausgewaschen. Es war ein Rest Milch darin. Mein Großvater reagierte sofort und kreierte den gefleckten Café. Sehen Sie, das ging um die Welt. Wir verdienen prächtig daran."*

Der Interviewer wurde nachdenklich.

„Das mag ja für Moden gelten, aber sonst? Wie sieht es mit technischen Produkten aus, Software, die Sie ja auch produzieren?"

Nemo: *"Auch da gibt es keine Fehler. Im Gegenteil. Wir produzieren eigentlich nur halb fertige Produkte und das mit Absicht. Sie kennen doch das Wort update… daran verdienen wir. Die Kunden wollen immer die nächste Version. Sind das nun Fehler? Nix da, der Weltmarktführer macht keine Fehler!"*

Der Interviewer schaute auf seinen Tablet Computer, der mal wieder festhing und neu gestartet werden wollte.

Interviewer: „Wie sieht es denn mit Managementfehlern aus? Beispielsweise Fehlinvestitionen… das passiert doch, oder??"

Nemo: *"Auch da sind wir ohne Fehler. Wir haben im Prinzip drei Managementebenen. Die unterste Ebene handelt nach dem Motto „Wer nichts entscheidet, macht auch keine Fehler." Also da ist man schon mal clean.*

Die mittlere Managementebene hat einen besonderen Menschentyp, nach dem wir sie auswählen. Das eine Kriterium sind große Füße und das andere ist eine vom vielen Verbeugen verbogene Haltung."

Interviewer: „Das müssen Sie mir erklären."

Nemo: *"Auch bei denen finden sich keine Fehler. Sie treten nach unten und verbeugen sich nach oben. Ein bewundernswert fehlerfreier Bereich."*

Interviewer: „Und was ist mit der obersten Managementebene, da passieren doch Fehler, kann man überall in der Zeitung lesen."

Nemo: *„Auch da sind wir fehlerfrei! Wenn wir gefragt werden, warum sich der Aktienkurs halbiert hat, also mit Fehlern konfrontiert werden… da gibt es das Schweigen. Wir sitzen das einfach aus und bis nach Jahren irgendetwas gefunden wird, ist der Vorstand schon in Rente und gehört nicht mehr dazu. Also auch hier, keine Fehler."*

Dem Interviewer fielen angesichts dieser Makellosigkeit keine weiteren Fragen zum Thema mehr ein.

Elvira begleitete ihn durch die Empfangshalle. Die Drehtür quietschte.

Elvira schmunzelte.

„Sehen Sie das Mikrofon da oben? Wir nehmen das Quietschen auf und verkaufen es als Töne für Wecker. Wir sind eben kreativ."

Interviewer: „Apropos kreativ… was tun sie bei WMIA für die Kreativität der Mitarbeiter?"

Elvira: *„Darüber können wir uns gern mit Dr. Nemo nächsten Dienstag unterhalten."*

Während sie das sagte, fiel das Auge des Interviewers auf einen kleinen Schönheitsfleck auf der linken Wange von Elvira.

Ist das nun ein Fehler, dachte der Interviewer, oder ist das etwas, was zur Makellosigkeit einer modernen Dame gehört?

Kreativität bei WMIA Incorporated
oder „semper et ubique"
… Eine ernst gemeinte Persiflage

Zum Interview mit Dr. Nemo im 124. Stockwerk des Verwaltungsgebäudes von WMIA Incorporated war alles bestens vorbereitet.

Nemo erschien dem kreativen Thema gemäß im geblümten Anzug und Elvira trug ein je nach Lichteinfall changierendes Kleid.

Man war bester Laune…

Nemo: *„Sie sehen, wir leben Kreativität, jede Faser unseres Unternehmens lebt sie voll aus."*

Das mit den Fasern, so dachte der Interviewer, haut hin, jedenfalls, was die Textilfasern der Kleidung angeht.

Interviewer: „Wie sorgen Sie für Kreativität in Ihrem Unternehmen?"

Nemo: *„Wir sehen Kreativität differenziert. In reinster Form lebt sie bei der Gestaltung unserer Betriebsfeiern und der Arbeitspausen. Wir haben dafür extra Herrn Dr. Feelgood, promoviert an der State University of applied nonsense sciences, engagiert. Funktioniert toll."*

Nemo nahm aus einer Schublade seines Schreibtisches eine Tröte, solche, die sich beim Reinblasen verlängern und dann wieder aufwickeln.

Nemo: *"Sehen Sie, so macht man gute Stimmung. Und das ist ja die Voraussetzung für gute Gedanken und Kreativität…"*

Dem Interviewer kamen dabei Erinnerungen an längst vergangene Kindergeburtstage und die Ohrfeige, die er sich von seiner betagten Tante einfing, als er mit seiner Tröte ihr die Brille von der Nase haute.

Interviewer: „Na ja, das ist ja eher marginal! Was tun sie noch für die Kreativität?"

Nemo: *"Wir haben uns darüber Gedanken gemacht. Früher hatten wir so ein paar Kreative. Die haben wir abgeschafft. Das Neue, wissen Sie, das Neue stört eigentlich in einem so großen Unternehmen wie wir es sind. Wir haben eine Lösung, die besser ist, als neue Gedanken und vor allem wirtschaftlicher. Wir kreieren nichts Neues, sondern wir machen das, was wir tun, nur anders. Sie kennen doch den Begriff „Lean Management", tolle Sache, wir haben auch die Kreativität schlank gemacht."*

Interviewer: „Dann treten Sie doch auf der Stelle?"

Nemo: *„Ne, nicht wirklich. Ich gebe ihnen ein Beispiel."*

Er stand auf und ging zu einem mannshohen Glücksrad.

Nemo: *„Wir sind gerade dabei, uns mit unseren Erfrischungsgetränken, auch da sind wir als Weltmarktführer, zu beschäftigen."*

Auf dem Glücksrad waren rundherum die wesentlichen Eigenschaften dieser Brause abgebildet, also Farbe, Zuckergehalt, Etikett usw.

Nemo:*" Wir drehen an dem Rad und da, wo es stehen bleibt, verändern wir etwas. Gerade neu ist die Veränderung der Farbe des Getränks. Aus Braun haben wir Grün gemacht. Sie werden das nicht kreativ nennen, wir stehen aber auf dem Boden wirtschaftlicher Anforderungen... und es funktioniert. Der Absatz steigt immens."*

Dann ging er zu seinem Schreibtisch zurück.

Nemo: *"Schauen Sie mal!"* Er hob Teile von verschiedenen Modellautos hoch.

„Auch hier gilt für uns als Weltmarktführer, dass wir das Bestehende bestehen lassen. Wir fügen die alten Komponenten nur neu zusammen und geben dem Modell einen modischen Namen..."

Elvira malte nebenbei auf ihrem Schreibblock Blumen, sie hatte gerade bei Dr. Feelgood einen Malkurs absolviert.

Interviewer: „Das alles würde ich aber nicht Kreativität nennen."

Nemo: *„Im ursprünglichen Sinne haben Sie recht. Kreativität, also die Erfindung des Neuen braucht einen Kontext. Mein Vater sagte immer „Not macht erfinderisch". Das haben wir mal umgesetzt."*

Elvira zog ihre wundervoll geschwungenen Augenbrauen hoch, ein Ausdruck, der sich erklärt, wenn man den Ausführungen von Dr. Nemo weiter folgt.

Nemo: *„Wir haben vor etlichen Jahren die Sache mit der Not, die erfinderisch macht, ausprobiert. Eines Tages drehten wir den Strom im Verwaltungsgebäude ab. Die Not brachte unsere Mitarbeiter darauf, Strom selber zu produzieren. Sie wissen schon, die Sonne scheint auf uns. Diese Erfindung war ein Meilenstein, der Meilenstein der Solarenergie.*

Not macht erfinderisch... Leider hatten die Gewerkschaften etwas gegen unser Procedere und wir haben diese Methode nicht weiterverfolgt."

„Bestimmt nicht der Markt, was zu erfinden ist?"

Nemo: *„Wer bestimmt, sind immer noch wir, immerhin sind wir das mächtigste Unternehmen der Welt. Über allem, auch über der Kreativität steht das Management... was wir nicht kontrollieren, darf auch nicht sein."*

„Wer ist wir?", fragte sich der Interviewer im Hinausgehen.

„Hat nicht das Zulassen von Kreativität etwas mit dem Menschenbild zu tun, geht es nicht über Techniken hinaus... und welche Rolle spielt Macht in Unternehmen dabei?"

Der Interviewer wurde aus seinen Gedanken gerissen, als ihn Elvira verabschiedete. Die Kreativität seiner Gedanken beim Anblick dieses zauberhaften Menschen sprengt hier den höflichen Rahmen.

Welches Thema am nächsten Dienstag mit Herrn Dr. Nemo besprochen wird, muss noch feinstens durchdacht werden.

Auf jeden Fall wird es spannend... nächsten Dienstag.

WMIA Incorporated und Macht
oder „Le Roi, c'est moi!"
... Eine ernst gemeinte Persiflage

Es gibt ein Thema, das gerade deswegen, weil es auf der Hand liegt, selten ausgesprochen wird. Das Thema heißt „Macht".

„Macht" klingt archaisch, mittelalterlich, hat einen Beigeschmack, kaum jemand, jedenfalls aus dem Kreise der Betroffenen spricht es aus, aber sie spielt eine große Rolle, wenn nicht sogar vielleicht die eigentliche Rolle in der Wirtschaft, so könnte man meinen.

Darum soll es heute gehen und das Gespräch hat einen aktuellen Anlass, wie wir gleich sehen werden...

Der Interviewer ist heute wieder im 124. Stockwerk des Verwaltungsgebäudes von WMIA Incorporated, zu Gast beim CEO Dr. Nemo.

Dr. Nemo hat sich Ausrisse aus den Tageszeitungen von seiner bezaubernden Assistentin Elvira vorlesen lassen, bevor der Interviewer den Raum betrat. Elvira trug übrigens eine rosa weit geschwungene Lesebrille... ob die Gläser auch rosa waren, konnte der Interviewer im Gegenlicht nicht erkennen. Elvira sitzt wie immer mit ihren elegant übereinander geschlagenen langen Beinen auf der großzügigen Fensterbank mit Blick auf den Horizont, auf den WMIA Incorporated natürlich auch das Copyright hat.

Nemo trommelt mit den Fingern auf dem Schreibtisch.

Interviewer: „Wie geht's, Herr Dr. Nemo?"

Nemo: *„Geht so. Wir haben Probleme mit unseren Mitarbeitern. Im weltweiten Wasserverkauf wird gestreikt und auch unsere Kunden ziehen nicht mehr so mit, wie wir das wollen."*

Der Interviewer sah den CEO das erste Mal jedenfalls etwas nervös.

Interviewer: "Was werden Sie tun?"

Nemos Antwort ist bemerkenswert und trifft genau auf die Frage, die man sich beim CEO des größten Unternehmens der Welt stellt.

Sie lautet: Wieviel Macht hat er, wie spielt er auf diesem Klavier oder wie wird sie, wenn überhaupt, begrenzt?

Dr. Nemo: *„Reden wir mal Klartext! Um uns behaupten zu können, brau-*

chen wir Macht, wir müssen handeln und Macht ist die Macht der Beeinflussung."

So früh am Morgen schon so viel Philosophie, dachte der Interviewer.

Es sprudelte nur so aus Dr. Nemo heraus, offensichtlich war er im Nerv getroffen. Störungen im gradlinigen Verlauf des Erfolgs von WMIA Incorporated sind nämlich nicht vorgesehen.

Dr. Nemo: *„Wir sind ja alle von Ideen geprägt."*

Donnerwetter, dachte der Interviewer, welche Einsicht… allerdings ist die Frage dabei, welche Ideen das nun sind.

Nemo: *„Mit Macht kann man nicht flirten, man muss mir ihr verheiratet sein. Das ist mein Credo."*

Interviewer: *„Wie meinen Sie das?"*

Nemo: *„Die Macht und ich, das ist eins!"*

Dr. Nemo sagte das, ohne mit der Wimper zu zucken.

Ihm entging allerdings nicht, dass der Interviewer irgendwie, wie man so sagt, „geplättet" war.

Interviewer: „Was werden Sie jetzt tun?"

Im Hintergrund hörte man Elvira telefonieren. Dr. Nemo hörte ihr mit einem halben Ohr zu.

Zusehends beruhigte er sich.

Elvira: *„Die Mitarbeiter wollen mehr Mitbestimmung."*

Nemo: *„Kein Problem!"*

Elvira: *„Ich habe schon das Budget für die Notfallkommunikation freigegeben."*

Interviewer: „Wie darf ich das verstehen? Bestechen Sie da jemanden?"

Dr. Nemo: *„Wo denken Sie hin, das wäre mit unseren ethischen Richtlinien nicht vereinbar. Wir machen das anders. Sie kennen doch den Satz ‚Wenn der Wind nicht in Deine Richtung geht, dreh die Segel'.*

Wir probieren gerade Mitbestimmung, also eine Form von Demokratie im Unternehmen aus. Natürlich meinen wir das nicht ernst. Wir spielen nur Demokratie. Wir haben von den Politikern gelernt und machen Kam-

pagnen für das, was uns dient. Wir steuern Meinungen. Das ist alles im Rahmen demokratischer Ethik.

Unsere Vorgesetzten bekommen Werbebudgets dafür, dass sie unsere Unternehmensziele, also die finanziellen akzeptiert werden. Insofern haben wir alles in der Hand und unsere Mitarbeiter glauben, sie könnten mitbestimmen."

Interviewer: "Und was ist mit den Kunden, jetzt aktuell mit dem Wasserverkauf? "

Nemo: „*Der schleppende Verkauf des Wassers ist auch kein Problem."*

Interviewer: „Wie gehen Sie damit um?"

Nemo: „*Wir gehen mit dem Trend und verknappen sogar den Wasserverbrauch, bis es wieder begehrenswert ist, unser Wasser. Als größtes Unternehmen der Welt können wir uns das leisten."*

Interviewer: „Ist das nicht ein bisschen zu kurzfristig gedacht?"

Nemo: „*Wir haben von der Politik gelernt. Kurzfristige Ergebnisse zahlen sich aus. Und bald fragt niemand mehr danach, wie sie und ob sie erreicht wurden."*

Elvira begleitete den Interviewer wie immer zum Fahrstuhl. Sie stolperte über die Kante des neu verlegten rosa Teppichs, der eigens im Iran für das Vorstandsbüro geknüpft wurde... Der Interviewer fing sie höflich und auch mit Freude auf.

„Wer kontrolliert eigentlich den Herrn Dr. Nemo?", fragte er Elvira.

Elvira: „*Der Aufsichtsrat."*

„Und wer sitzt da drin?"

„*Die Familie Nemo. Er tagt nächsten Dienstag."*

Ein Besuch einer Aufsichtsratssitzung wird spannend.

„Was sind das wohl für Menschen, die im Nabel der Macht sitzen", fragt sich der Interviewer.

Er erhielt am nächsten Tag eine handgeschriebene Einladung zur Aufsichtsratssitzung von WMIA Incorporated.

Also bis nächsten Dienstag...

Aufsichtsratssitzung der WMIA Incorporated
oder „Crème de la Crème"
... Eine ernst gemeinte Persiflage

Heute ist der Interviewer zu Gast in einer Aufsichtsratssitzung von WMIA Incorporated, Los Straneros, eine besondere Ehre.

Das Wort „Aufsichtsrat" beinhaltet das Wort „Aufsicht", also salopp ausgedrückt „Aufpassen, dass es rund läuft" und „Rat", also die Vermutung darüber, dass von diesem Gremium ein Rat kommt oder zumindest Sachverstand vorhanden ist.

Wie diese Bedeutung des Aufsichtsrats nun bei WMIA interpretiert wird, erfährt der Interviewer sogleich...

Im Vorwege hat er sich über die Besetzung des Aufsichtsrats kundig gemacht.

WMIA Incorporated ist weitgehend, also zu 67% im Besitz der der Familie Nemo, die dementsprechend in der Aktionärshauptversammlung aufgrund weitreichender Stimmberechtigung ihrer Anteile die fünf Vertreter des Kapitals und auch auf die Auswahl der vier Vertreter der Arbeitnehmer im Aufsichtsrat Einfluss nimmt.

Elvira, die Assistentin des Vorstands und der personifizierte wunderschöne rote Faden durch die Management Welt von WMIA, begleitet den Interviewer zur Sitzung.

Interviewer: „Wer sitzt im Aufsichtsrat?"

Elvira: *„Traditionsgemäß ist die Familie Nemo mit den Gattinnen der Kapitaleigner im Aufsichtsrat vertreten. Wir vertrauen Frauen, die ja bekanntlich die besseren Aufpasser sind als Männer. Frauenquote ist daher bestens erfüllt. Also, da werden Sie Signora Antonia Battista-Nemo kennenlernen, eine bekannte ehemalige argentinische Tangotänzerin, sie ist die Aufsichtsratsvorsitzende, Mrs. Phil McSmith-Nemo, eine Schafzüchterin aus Neuseeland und die drei Schwestern Louisa, Capuccina und Favorita Nemo, in der eben benannten Reihenfolge Exgattinnen des inzwischen verstorbenen Prof. Ambrosius Nemo, ein bekannter Sammler schöner Kunst und Liebhaber aller sonstiger Schönheit. Die Namen der Arbeitnehmervertreter fallen mir gerade nicht ein."*

Die Aufsichtsratssitzung findet in einem Nebengebäude der Verwaltung statt. Eine kleine Villa, die man auch ohne Wegweiser finden kann, wenn man nur dem Duft von Chanel Nr. 5 bis 19 folgt.

Der Interviewer unterschreibt noch schnell eine Geheimhaltungsvereinbarung und betritt den Sitzungssaal.

Man bzw. Frau ist schon in vollem Gange. Es geht um eine Kapitalerhöhung, die ja bekanntlich vom Aufsichtsrat genehmigt werden muss. Antonia Battista-Nemo führt das Wort.

Das Problem ist allerdings, dass sie niemand versteht. Das hat wegen der Internationalität der Aufsichtsratsmitglieder sprachliche Hintergründe und böswillige Zeitgenossen würden das Unverständnis nicht nur auf die Sprache schieben, was ja auch bei männlichen Aufsichtsräten -jedenfalls im fortgeschrittenen- Alter vorkommen soll.

Das überaus Interessante dieser Sitzung ist ihre Atmosphäre und weniger der Inhalt der abzuarbeitenden Agenda.

Die Arbeitnehmervertreter haben brav lederne Aktenkoffer mitgebracht, in denen sich natürlich auch eine leicht zerbeulte Blechdose mit frisch geschmierten Butterbroten befindet, man will sich ja nicht bestechen lassen.

Die Damen beobachten sich gegenseitig und es ist nicht auszuschließen, dass das Interesse an Antonia eher ihrem neuen Collier gilt als der Frage nach der Kapitalerhöhung.

Nun, auch das Sachliche kommt natürlich nicht zu kurz.

Die Berater des Aufsichtsrats sind auch die Berater von Herrn Dr. Nemo, dem CEO und sie machen ihrer Profession alle Ehre. Wer einen Berater hat, braucht nicht mehr selber zu denken. Wie praktisch.

Antonia: „Wir haben nicht nur eine Corporate Identity, wir haben auch eine Thinking Identity."

Interviewer: „Was bedeutet das?"

Antonia: „Sie wissen ja vielleicht, dass ich Argentiniens bekannteste Tangotänzerin war." Als sie das Wort „Tango" sagte erschien sie 32 Jahre jünger und der Interviewer wäre fast in Schnappatmung verfallen.

„Vom Tangotanzen habe ich gelernt. Man muss im Takt bleiben miteinander und man sollte dem Tanzpartner nicht auf die Füße treten."

Interviewer: „Ist es aber nicht die Aufgabe des Aufsichtsrats, gelegentlich der Operations auf die Füße zu treten?"

Antonia: „Mein Herr, was im Lehrbuch steht, ist eine Sache. Wie man dann tanzt, das zählt."

Das Ergebnis der Sitzung unterliegt der Geheimhaltung, der anschließende kleine Snack mit Kaviarschnittchen darf erwähnt werden.

Der Rest der Sitzung war privatissime.

Im Garten der Villa hörte man Tangomusik. Tanzmeister Knaak unterwies die Damen des Aufsichtsrats darin, wie man korrekt und elegant Tango tanzt.

Elvira begleitete den Interviewer durch die Empfangshalle.

Interviewer: „Ist diese WMIA Incorporated nicht eine Parallelwelt?"

Elvira hielt ihren bezaubernd schlanken und gepflegten Zeigefinger vor den Mund: *„Psst!"*

Interviewer: „Was ist das Geheimnis?"

Elvira. *„Darüber reden wir nächste Woche, Dienstag…"*

Typisch Frau, dachte der Interviewer, sie machen es spannend.

Die Hinterzimmer der Macht und die Parallelwelt von WMIA Incorporated oder „omnia possumus" ... Eine ernst gemeinte Persiflage

Manchmal bleibt einem die Spucke weg, wie man so treffend sagt bei allem, was man über die sogenannten Großen liest und hört, und manchmal ist selbst die Satire nicht mehr der Spaß, der sie sein könnte...

Doch einer sorgt immer für Spaß, Herr Dr. h.c. Nemo, CEO von WMIA Incorporated, Los Straneros, dem Nabel der Welt, dem Sitz des größten und mehr oder weniger erfolgreichsten Unternehmens der Welt.

Heute soll es um die sogenannten Parallelwelten gehen, die Frage war nach dem Aufsichtsratsbesuch bei WMIA Incorporated aufgetaucht.

Im Kern geht es dem Interviewer darum, Aufklärung oder sagen wir mal Information über diese Hinterzimmer und Nebengleise der Macht zu erhalten.

Das Bemerkenswerte dieses Interviews mit Dr. Nemo liegt darin, dass Dr. Nemo sich gern dazu befragen lässt. Wer hätte das gedacht?

„Junger Mann...", lächelt Dr. Nemo dem Interviewer entgegen, *„man schreibt ja viel über uns, über Macht und Hintertürchen und was nicht alles sonst."*

Interviewer: „Na ja, der Gedanke liegt ja nahe in dieser Welt."

Der Interviewer wittert in diesem Gespräch die tiefsten Abgründe... doch weit gefehlt.

Nemo: *„Sie sagen es, in dieser Welt... Welche Welt meinen Sie denn?"*

Interviewer: „Na, Ihre Welt!"

Nemo schmunzelt.

Und was jetzt zu vernehmen sein wird, klingt wie die Fortsetzung eines orientalischen Märchens, neu geschrieben und von Dr. Nemo inszeniert.

Wer übrigens nicht an die Existenz von Märchen glaubt, sei hier eines Besseren belehrt, wenn er nicht schon durch die Lektüre von Einschätzungen der Aktienanalysten und Hauptversammlungsreden von CEOs längst wieder auf dem Boden der Märchen gelandet ist.

Na gut. Wir befinden uns im 21. Jahrhundert, Beta Version 2.0 einer Neuen Welt im 124. Stockwerk des Verwaltungsgebäudes, Vorstandsetage.

Elvira, die bezaubernde Assistentin des Vorstands, betritt den Raum, in ihren Händen eine goldene antike Öllampe. Sie stellt sie auf den Schreibtisch von Dr. Nemo und als sie den Interviewer freundlich anlächelte, bemerkte dieser, dass dieses alabastergleiche Geschöpf, jene Zauberin Elvira einen leichten Silberblick hat. Jenes Silberblickhafte, das ja einigen Stars wie z.B. Barbara Streisand zum Markenzeichen wurde, hat hier wie wir bald hören werden, eine besondere Bedeutung.

Auch der Silberblick hat einen Nutzen für WMIA Incorporated

Interviewer: „Schöne Lampe!"

Nemo: *„Das ist keine Lampe!"*

Interviewer: „Was ist es denn?"

Nemo. *„Es ist ein Symbol, das Symbol von Aladin mit der Wunderlampe und dem Geist darin, der seiner habhaft werden will."*

Interviewer: „Wie geht das?"

Nemo: *„Wir haben Macht und der Mächtige wird gejagt."*

Das pfeifen ja die Spatzen von den Dächern, dachte der Interviewer.

Interviewer: „Wie entkommen Sie dem Geist, der Sie verneint?"

Nemo brach in schallendes Gelächter aus. Als er sich wieder gefangen hatte, sagte er: *„Entkommen? Wir sind gar nicht existent!"*

Interviewer: „Wie das?"

Nemo: *„Es stimmt, es gibt Parallelwelten. Wenn die eine nicht passt, gehen wir in die andere."*

Interviewer: „Das müssen Sie mir erklären!"

Nemo: *„Sehen Sie, da gibt es die juristische Welt, sie hat uns netterweise so zerteilt, dass wir nicht greifbar sind. Da gibt es die Welt der Meinungen, der Social Media, die sind ein Blatt im Wind, darauf surfen wir, da gibt es…"*

Dem Interviewer wurde schwindelig. Elvira reichte ihm ein Glas Wasser.

Nemo: *„Wir nutzen die Parallelwelten. Elvira zum Beispiel ist in Napoli* *aufgewachsen. Als Kinder haben sie Handtaschen geklaut. Der eine stahl, dann gab er sie an den nächsten und niemand war's gewesen. Ihr Silberblick, das Schielen nach links und rechts, hat sie immer gerettet. Auch WMIA Incorporated schaut immer ein wenig um die Ecke..."*

Interviewer: „Was ist mit den Hinterzimmern der Macht?"

Nemo: *„Glauben Sie an Märchen?"*

Der Interviewer ging begleitet von Elvira durch die Empfangshalle, schaute in den Spiegel und versuchte zu schielen. Gelang ihm nicht.

Elvira schaute ihn an.

„Wer gerade ausschaut, versteht die Welt nicht mehr...", sagte sie.

„Hat Dr. Nemo Freunde?", fragt der Interviewer.

„Ja", sagte Elvira, *„kommen Sie doch mit zum Golfspielen... am nächsten Dienstag!"*

Golfspielen mit Dr. Nemo und seinen Freunden
oder „O tempora, o mores"
… Eine ernst gemeinte Persiflage

Heute ist es mal ganz entspannt. Man trifft sich auf dem Golfplatz. Da, wo die Herren und Damen vom Genre eines Dr. Nemo ihre Freunde treffen.

Der Interviewer geht mit Herrn Dr. Nemo vom Klubhaus, wo man noch an einem Gläschen Schampus nippte, zum ersten Abschlag.

‚Kein Bier vor vier' gilt meist auch in diesen Kreisen, also ließ man das Glas fast unberührt stehen. Die Geste zählt.

Der Weg zum ersten Abschlag gibt Zeit, ein paar Worte mit Dr. Nemo über das Thema Freunde zu wechseln.

Interviewer: „Wenn Ihnen diese Frage nicht zu persönlich ist, Herr Dr. Nemo, haben Sie Freunde?"

Nemo: *„Was meinen Sie mit Freunde?"*

Gott sei Dank kann Dr. Nemo nicht Gedanken lesen. Der Interviewer dachte nämlich: „Dies alte Schlitzohr! So zerfetzt man Fragen."

Aber der Interviewer ist hartnäckig.

Interviewer: „Freunde, also Buddys, solche, mit denen man durch dick und dünn geht."

Nemo: *„Nein, habe ich nicht!"*

Interviewer: „Legen sie darauf keinen Wert?"

Nemo: *„Wert legen schon, aber wer ist es denn schon wert?"*

Bevor diese Unterhaltung sich in den Abgründen der Psychologie verlieren konnte, wurde Dr. Nemo von seinen Golffreunden zum ersten Abschlag gebeten.

Nun, wer sind diese Freunde, mit denen er da spielt?

Aufgelaufen zur Runde, man nennt das ja im Golfjargon „Flight", sind drei weitere Herrschaften, also keine Frauenquote. Ganz Verbissene hören auch da schon die Glocken läuten.

Die Namen der Herren brauchen nicht genannt zu werden, interessant ist, wer sie gesellschaftlich sind.

Kurzum, es handelt sich um einen Politiker, seines Zeichens ehemaliger Wirtschaftsminister, einen Lobbyisten (auf seine Rechnung geht übrigens die Green Fee und die Bewirtung auf der Golfrunde) und der Vorsitzende der Weltgewerkschaft WWIA, was die Abkürzung für We Want It All ist.

Dr. Nemo schlägt mit perfektem Schwung und Eisen fünf das weiße unberechenbare Luder, so nennen Golfer den kleinen Ball, ab.

Kein schlechter Schlag, dachte der Interviewer.

Den anderen Herrschaften entging dieser schöne Abschlag. Nun ist man in Golferkreisen nicht besonders emotional, eher zurückhaltend, was die Begeisterung für Leistung angeht.

Doch, irgendetwas läuft es hier anders als sonst.

Der Interviewer bemerkt, dass die drei anderen Golfer jeweils in Begleitung eines Herren sind.

Elvira erscheint am Abschlag, sie fährt den Golfcart.

Interviewer: „Elvira, wer sind die Herren neben den Golffreunden?"

Elvira: *„Das sind sogenannte Golfprofis."*

Interviewer: „Was machen die hier?"

Elvira: *„Die spielen den Golfball für die Herrschaften."*

Interviewer: „Warum spielen die nicht selbst?"

Elvira: *„Die Herrschaften können gar nicht Golf spielen, deshalb spielen die Pros für sie."*

Interviewer: „Na ja, wer kann schon Golf spielen."

Zur Hintergrundinformation für Nichtgolfer: Der uralte aus einem Satz bestehende Golferwitz heißt ja, „Ich kann Golf spielen." Der Witz dieser Behauptung liegt darin, dass Golf ziemlich komplex und letztlich nicht berechenbar ist, woraus die Schlussfolgerung zu ziehen wäre, dass eigentlich niemand wirklich, wirklich Golf spielen kann... Das macht den Witz aus und vielleicht gilt das ja auch für andere Aspekte des Lebens...

Elvira: *„Jeder dieser Herrschaften ist es gewohnt, Berater zu haben. So hält man es auch hier auf dem Golfplatz. Das Spiel ist das Spiel der Berater, in diesem Falle das Spiel der Golfprofis. Wer einen Berater hat, braucht nicht zu denken, wer einen Golfprofi hat, braucht nicht zu spielen."*

Interviewer: „Warum hat Dr. Nemo keinen Pro bei sich?"

Elvira: *„Dr. Nemo ist liebenswert beratungsresistent, auch beim Golf."*

Wie schon bei anderen Gesprächen mit den Eliten entfuhr dem Interviewer an dieser Stelle eine vielseitig zu interpretierende Bemerkung. Sie lautet: „Mmmmh…"

Interviewer: „Können denn die Pros Golf spielen?"

Elvira: *„Keine Ahnung. Sie werden danach ausgewählt, welches Ranking sie international in der Profiliga haben. Wird jedes Jahr im Journal „Best Practice in Playing Golf" veröffentlicht."*

Die muntere Golfrunde näherte sich dem neunten Loch, an dem das Spiel für heute beendet sein sollte.

Die Herren waren wieder unter sich, die Berater hatten sich getrollt, der Genuss von geistigen Getränken, denen man jetzt nach vier Uhr zusprach, entspricht nicht ihrer Vorstellung von „smart".

Der Interviewer geht mit Dr. Nemo zum Klubhaus zurück.

Interviewer: „Um auf das Thema Freunde zurückzukommen. Welche Rolle spielen bei Ihnen Freunde?"

Nemo: *„Wir sind alle im gleichen Spiel so wie eine Fußballmannschaft. 11 Freunde sollt ihr sein und ab und zu wird einer ausgewechselt."*

Dabei schaut er den Interviewer mit seinen stahlblauen Augen an.

Elvira wartete schon am Klubhaus und begleitete den Interviewer zu seinem Auto.

Interviewer: „Wie halten Sie diese Kälte aus?"

Elvira: *„Eigentlich ist es nicht kalt. Es ist eher ein anderes Thema, mit dem alle zu tun haben."*

Interviewer: „Worum geht es denn dann bei WMIA Incorporated?"

Elvira legt den Arm um den Interviewer.

„Darüber reden wir nächsten Dienstag… in diesem Theater."

WMIA Incorporated
– Das menschliche Unternehmen
oder „I feel good"… Eine ernst gemeinte Persiflage

Die Worte der schönen Vorstandsassistentin Elvira letzte Woche auf dem Golfplatz klangen noch im Ohr des Interviewers. *„So kalt ist die Atmosphäre doch eigentlich nicht bei WMIA Incorporated."*

Mal sehen, was Dr. Nemo dazu sagt…, dachte der Interviewer. Heute geht es um das Thema „Das menschliche Unternehmen".

Man liest ja viel über diesen Aspekt und Menschlichkeit drückt ja vom Gefühl, das dieses Wort vermittelt, eine gewisse Wärme aus.

Die Vorstandsetage von WMIA, der Ort der Interviews vermittelt jedenfalls eine gewisse Kühle, fast eine Sachlichkeit und eine irgendwie erdrückende, moderne Eleganz.

„Wie geht's, Herr Dr. Nemo", fragt der Interviewer.

„I feel good!", sagt Dr. Nemo.

Ungewöhnlich war heute seine Kleidung. Lässige Jeans, Poloshirt mit Hawaiimustern.

Nemo: *„Wir begehen heute den Tag der Menschlichkeit, eine Kreation unseres Herrn Dr. Feelgood!"*

Interviewer: „Was beinhaltet das?"

Nemo: *„Heute ist die Hierarchie aufgehoben, alle duzen sich und auf den Chefsessel darf, wer will, jeder für 5 Minuten Platz nehmen. Der Firmenhubschrauber macht Rundflüge über unser Verwaltungsgelände und durch die Gänge schallt schunkelnde Volksmusik. Eben der Tag der Menschlichkeit, einmal im Jahr."*

Elvira schaut aus dem Fenster.

Nemo schaut den Interviewer erwartungsvoll an, so als hätte er Beifall erwartet.

Der Interviewer hingegen fragt: „Glauben Sie wirklich, dass das ein Ausdruck von Menschlichkeit ist?"

Nemo knöpft den oberen Knopf seines Poloshirts zu.

Nemo: *„Wenn Sie so fragen, natürlich nicht."*

Interviewer: „Was denken Sie sich dabei, was ist der Hintergrund?"

Nemo: *„Kennen Sie den Ausdruck „Brot und Spiele"?"*

Der Interviewer erinnert sich. Solche Veranstaltungen waren zu Zeiten des römischen Kaisers Trajan üblich, weil der meinte, dass das römische Volk sich insbesondere durch zwei Dinge, Brot und Spiele, im Bann halten lasse.

Nemo: *„Das hat seinerzeit gut funktioniert. Wir machen das auch."*

Interviewer: „Ist das nicht ein bisschen sehr platt und nur ein Strohfeuer?"

Nemo: *„Je platter wir mit dem Thema Menschlichkeit umgehen, desto wirkungsvoller ist es."*

Die mittlerweile klassische Bemerkung des Interviewers hierzu ist wieder: „Mmmmh..."

Interviewer: „Was meinen sie mit wirkungsvoll?"

Der Interviewer hat sich natürlich auf das Gespräch vorbereitet. Dabei machte er eine überraschende Entdeckung. Der Begriff „Menschlichkeit" ist nicht definiert, er wandelt sich im Laufe der Zeit und hat unterschiedliche Aspekte, sogar je nachdem, auf welchem Teil des Planeten man sich gerade befindet.

Nemo: *„Wirkungsvoll bedeutet, dass wir die Bedürfnisse von Menschen befriedigen."*

Interviewer: „Welche Bedürfnisse?"

Nemo: *„Was die Bedürfnisse von Menschen sind, bestimmen wir als größtes Unternehmen der Welt."*

Interviewer: „Gibt es nicht immanente Bedürfnisse der Menschen wie das Bedürfnis nach Anerkennung?"

Der Interviewer meinte, jetzt endlich eine Trumpfkarte ausgespielt zu haben. Doch Dr. Nemo wäre nicht Dr. Nemo, der CEO von WMIA, wenn er nicht auch darauf eine Antwort hätte und zwar eine frappierende.

Nemo: *„Das stimmt. Die einfachste Art und Weise, damit umzugehen, ohne die Interessen unseres Unternehmens zu vergessen, ist, dass wir dieses Bedürfnis befriedigen. Sie kennen doch den Satz: Wenn Du etwas nicht besiegen kannst, folge ihm einfach."*

Interviewer: „Wie meinen Sie das?"

Nemo: *„Die preiswerteste Form der Anerkennung in unserem Unternehmen ist die Vergabe von Titeln. Hat eine irre Wirkung. Die etwas Teurere ist die Zuordnung unterschiedlicher Dienstwagen, gefolgt von der Größe des Büros usw."*

Interviewer: „Na ja."

Nemo: *„Wir haben vom Umgang mit Babys gelernt. Wenn es schreit, bekommt es einen Schnuller und dann ist wieder Ruhe. Der Superschnuller ist der jährliche Tag der Menschlichkeit."*

Interviewer: „Kommen wir noch einmal auf die Bedürfnisse von Menschen zurück. Die können Sie doch nicht einfach so bestimmen."

Eigentlich hätte bei dieser Frage die bezaubernde Assistentin Elvira vor Verlegenheit an ihrem Bleistift kauen müssen, tut sie aber nicht. Im Gegenteil, sie schaut Dr. Nemo fasziniert mit einem Anflug von Fassungslosigkeit an.

Nemo: *„Ein Bedürfnis der Menschen ist beispielsweise das Bedürfnis nach Gesundheit. Stimmt's?"*

Der Interviewer nickt.

Nemo: *„Wir bestimmen, was gesund ist. Ein Beispiel ist die gesunde Ernährung und damit im Zusammenhang ein gutes Aussehen. Wir propagieren die sogenannte gute Ernährung und das Idealgewicht, das wir festlegen. Dafür haben wir eine Supermarktkette, kennen Sie sicher, sie heißt „For ever young" und weltweite Fitnessstudios. Wir verlegen Magazine, in denen unsere Ideen über Gesundheit beschrieben, na ja, um ehrlich zu sein, beworben werden. Mit großem Erfolg übrigens. Wir sponsern Sportereignisse wie z.B. Marathons. Wir dienen den Menschen, oder?"*

Dem Interviewer fiel sein Papa ein, der nie Sport getrieben hat und seine letzte Zigarre mit vierundneunzig rauchte. Ein bisschen schlechtes Gewissen rührte sich auch. Seine Fitnessuhr piept ja jeden Morgen und er drückt das Signal meist weg. Elvira hat übrigens auch so ein Teil, in rosa.

Das Interview findet seinen Abschluss. Es gibt noch ein Glas grünen Smoothie, natürlich aus dem Hause WMIA Incorporated, der so richtig Tinte auf den Füller geben soll.

Im Hinausgehen, natürlich begleitet von Elvira, sieht der Interviewer im Vorzimmer des Vorstandsbüros ein Einweckglas, in dem ein grüner Frosch sitzt...

„Was hat es mit dem grünen Frosch auf sich?", fragt er Elvira.

Elvira: " *Über den reden wir mal nächsten Dienstag.*"

Der Interviewer streifte noch die Wettervorhersage auf den Bildschirmen der Eingangshalle. Bislang kannte er nur den Wetterfrosch, sieht so aus, als gäbe es noch mehr Frösche bei WMIA Incorporated, jedenfalls hat er erstmal einen Frosch im Hals, wie man im Deutschen so schön sagt.

Was er übrigens nicht bemerkt hatte ist, dass der Frosch irgendwie nicht mehr lebendig schien... was das zu bedeuten hat, wird er schon herausfinden.

Also dann, bis nächsten Dienstag...

WMIA und der Froschkönig
oder „qualitas occulta"
... Eine ernst gemeinte Persiflage

Interviews im Herzen eines jedenfalls aktuellen Weltmarktführers, im Herzen, das heißt im Gespräch mit dem CEO, hier Herrn Dr. Nemo sind spannend. Wenn man noch tiefer schaut, sind sie sogar überraschend. Warum?

Der normale Mensch sieht nur die eine Hälfte des Gesichts, die öffentliche.

Die andere Hälfte ist verborgen und auch die Spitzen unserer Gesellschaft haben ein Recht auf das Privatissime.

Die Interviews haben den Charakter einer Persiflage und alle Persiflage hat einen realen Hintergrund. In die Figur des Dr. Nemo, die ich erfunden habe, fließen verschiedene Persönlichkeiten, die ich kennenlernte, ein und vielleicht verbindet sie auf der anderen Seite ihres Gesichts mehr als der normale Betrachter ahnen kann.

Nun ist es ein Privileg des Interviewers nach fast 20 Stunden, gefühlten 20 Jahren des Zusammenseins mit Dr. Nemo und seiner bezaubernden Assistentin Elvira diese andere Seite, die übrigens nicht immer eine dunkle Seite sein muss, erfahren zu dürfen.

Eigentlich ist diese Seite sehr einfach.

Doch kommen wir zum Thema.

Der Interviewer sah beim Verlassen des Büros letzte Woche in einem Einweckglas einen Frosch, leblos, er war ausgestopft.

Der im Management Geübte wird gleich nach den Management Summarize dieser Bedeutung fragen, den Shortcut, der das Flüchtige im Leben beschreibt, aber nicht das Wesen.

Nun gut, für die Hardcoremanager, die glatt Rasierten „What is next" Adlaten: Hier ist der Shortcut der anderen Seite von Dr. Nemo.

Dr. Nemo ist ein Geigenvirtuose, ein Künstler, promoviert an der sonnigen Universität zu Bologna und spielt in einem Streichquartett... natürlich die erste Geige... was sonst.

Doch das Wissen darum ist leer wie die Kalorien eines Weißbrots.

Nun, wir betreten privatissime, den wunderbaren Bereich der anderen Seite des Seins.

Schon die alten Griechen hatten in ihren Sagen den Eintritt in eine andere Welt, den Hades von scharfen Hunden bewachen lassen.

Aus Gründen, die hier nicht erläutert werden müssen, haben wir eine „Wild Card" und betreten damit diese verborgene Seite der Welt des Dr. Nemo.

So skurril Herr Dr. Nemo auf den ersten Blick erscheint, so skurril ist natürlich auch die andere Seite, allerdings verfärbt sich das Wort skurril in ein zauberhaftes „wunderbar", wie wir gleich sehen und vor allem hören werden.

Nemo trägt heute einen Smoking, Elvira schmückt ein eng anliegendes schwarzes Abendkleid, ein blitzender Schlitz an ihren langen Beinen führt die Augen des Interviewers ins wunderschöne Nirgendwo.

Dr. Nemo drückt auf einen Knopf an seinem Schreibtisch.

Wie eine Bühne dreht sich das Ensemble und zum Vorschein kommt eine ganz andere Bühne, die Bühne hinter dem Schreibtisch.

Langsam kommt sie zum Stillstand. Klick, sagt es und steht still.

Anstelle des Schreibtisches steht ein gläserner Flügel.

Auf dem Flügel liegt eine Guaneri. Eine Geige, eine der schönsten und teuersten der Welt. Sie ist unschwer an ihrer Form und ihrem dunkelroten Lack zu erkennen.

Elvira schreitet zum Flügel, streicht mit einer eleganten Bewegung ihr Kleid glatt und Nemo greift zur Guaneri.

Nemo nickt ihr zu, hebt den Bogen auf die Saiten.

Fast ist es so wie im Büro. Sie spielen, sie machen Musik…

Und als sie zu spielen begannen, drehte sich die Bühne wie jenes Kinderkarussell im Jardin du Luxembourg.

Wäre Rilke zugegen, so hätte er gesagt:

Und das geht hin und eilt sich, dass es endet,

und kreist und dreht sich nur und hat kein Ziel.

Ein Rot, ein Grün, ein Grau vorbeigesendet,

ein kleines kaum begonnenes Profil –.

Und manches Mal ein Lächeln, hergewendet,

ein seliges, das blendet und verschwendet

an dieses atemlose blinde Spiel…

Nemo legt die Guaneri auf dem Flügel ab, Elvira steht auf und beide verlassen die Bühne, die sich rückwärts dreht und es macht wieder Klack.

Vorstandsbüro, 124. Stock, WMIA Incorporated, Los Straneros.

„Was hat es mit dem Frosch auf sich?", fragt der Interviewer im Hinausgehen.

Elvira: *„Kennen Sie das Märchen vom Frosch, in dem ein Prinz lebt? Der Frosch im Vorzimmer ist ein stilles Symbol, wer es entschlüsselt, versteht die Welt von WMIA."*

Interviewer: „Und wer ist die Prinzessin?"

Elvira: *„Das, mein Herr, überlasse ich ihrer Phantasie."*

Interviewer: „Worum geht es das nächste Mal?"

Elvira: *„Dr. Nemo möchte mit Ihnen über Musik und Management sprechen, die simple Version des Themas „Hier spielt die Musik" hatten wir ja schon…"*

Interviewer: „Was meinen Sie damit?"

Elvira: *„Das werden wir dann sehen… am nächsten Dienstag…"*

Musik und Management bei WMIA Incorporated
oder „nulla vita sine musica"
... Eine ernst gemeinte Persiflage

Dr. Nemo lädt zum Interview. Heute mal in früher Morgenstunde.

Er kommt dem Interviewer in der marmornen Empfangshalle entgegen.

Man fährt gemeinsam in den 124. Stock, im Extrafahrstuhl des Vorstands.

Extra ist er deshalb, weil er für die Privilegierten einfach etliche Stationen überspringt. So kommt man schneller nach oben. Für ganz sportliche Vorstandskollegen steht anstelle des Fahrstuhls auch ein Seil zur Verfügung, an dem täglich verschiedene Herren sich gegenseitig nach oben helfen. Der Interviewer erinnert sich an seine Kindheit, damals nannte man das die „Räuberleiter", heute nennt man das Vorstandskarriere. Wer abrutscht, in den freien Fall gerät, fällt weich. Da stehen die Kameraden und fangen ihn auf. Da kann man mal sehen wie wichtig eine gute Jugend mit Kommilitonen ist, ein Aufenthalt im sportlichen College... das ist pädagogisch wertvoll und auch sonst sehr von Nutzen...

Dr. Nemo sieht mal wieder hervorragend aus. Nicht nur glatt rasiert ist er, nein, sogar gepudert. Das gibt ein glattes Antlitz und versetzt den Betrachter irgendwie in alte Zeiten, als die vornehmen Herrschaften sich noch parfümiertes Talkum auf die Falten stäubten. Wenn er jetzt noch eine Perücke wie Mozart seinerzeit getragen hätte, wäre das Bild perfekt... und es führt uns direkt ins heutige Thema.

Nemo: *„Ich bin eigentlich Musiker und Management ist eine direkte Ableitung dieser Kunst."*

Das kann ja spannend werden, dachte der Interviewer.

Fast hätte er in all dem Vorstandspuder die bezaubernde Assistentin Elvira übersehen. Das hier verwendete, diese irdische Göttin beschreibende Wort „bezaubernd" ist übrigens nur ein Platzhalter für die Fantasie des Lesers, die sicher selbst weit über die Vorstellung von der schönen Cleopatra hinausreicht.

Wie immer sitzt sie auf der Fensterbank mit Blick auf oder über den Horizont, auf den ja bekanntlich WMIA Incorporated das Copyright besitzt.

Neben ihr auf dem grünen brasilianischen Marmor liegt ein Stapel sogenannter „Pitch", das sind schön gebundene Präsentationen der Berater von WMIA Incorporated. Sie sind wie früher die Kinderbücher -z.b. „Struwwelpeter"- mit reichlich schönen Bildern illustriert und weisen inhaltlich durchaus Parallelen zu diesem grundlegenden Werk der Menschheit auf, allerdings ohne die Konsequenz des Autors, Herrn Heinrich Hoffmann, er war Psychiater Anno Achtzehnhundertachtundvierzig, zu ziehen, geschweige denn, dass sie verstanden würden... aber das ist ein weites Thema und wurde im College nicht vertieft.

Ganz oben liegt, entsprechend dem Ranking der „Worldwide-Leading-Five-Star-Consultants" der Pitch von McWeKnowItAll.

Interviewer: „Was hat Musik mit Management zu tun?"

Nemo gibt eine Antwort, die nur auf den ersten Blick philosophisch erscheint. Sie ist allerdings knallharter Ernst, steht auf irdenem Boden und ist eigentlich jedem Musikliebhaber vertraut.

Nemo: *„Musik hat eine immer wiederkehrende grundlegende Struktur. Es gibt nur ein Musikstück, die Basis aller Musik...es gibt immer das gleiche Stück und was wir hören, sind Variationen... Musik ist nicht frei, sie folgt immer Gesetzen, sonst ist es nur Geräusch oder eklektisch..."*

Interviewer: „Wie lautet das Gesetz der Musik?"

Nemo: *„Es hat vier Buchstaben: WMIA."*

Interviewer: „So gehört Ihnen sogar die Musik?"

Nemo: *„Nicht wirklich. Wir haben nur den Staffelstab übernommen."*

Diese bescheiden klingende Antwort ist angesichts des WeMakeItAll, des Namens und Omens dieser Company überraschend.

Nemo: *„Der Wettbewerb dreht sich nur um die Variation der Musik und da stricken schon einige dran. Wir kaufen sie auf, so lange wir das können und niemand es merkt."*

Doch kommen wir zu den Pitches, die Elvira jetzt gerade vorlegt.

Nemo: *„Wir folgen dem Vorschlag von McWeKnowItAll. Das sind Genies."*

Interviewer: „Mmmmh..."

Nemo: *„Die Noten sind immer gleich... Die Klassiker werden nur anders* *gespielt... andere Instrumente. Musik ist wie die Zeichensetzung, das Verschieben des Kommas, das einen anderen Sinn macht. Man kann einen Walzer auch als Heavy Metal inszenieren. Sie kennen doch den Witz um den Satz: „Was willst Du schon wieder"... je nach Versetzung des Kommas verändert sich der Sinn... der Satz bleibt gleich und das Komma kann man ja wegradieren."*

Interviewer: „Was bedeutet das für Ihr Unternehmen, z.B. Mitarbeiterführung?"

Nemo: „*Ein Beispiel: Beteiligung der Mitarbeiter an Entscheidungen. Dem folgen wir natürlich, ist ja in. Nur, die Interpunktion setzen wir.*"

Interviewer: „Was meinen Sie damit?"

Nemo: „*Das wichtigste Satzzeichen ist der Punkt. In der Musik ist das der Kontrapunkt, die gegenläufige Stimme zur Melodie, kennen Sie vielleicht aus der Orgelmusik von Bach... und die spielen wir... lass die anderen doch spielen... und wenn sie aus der Harmonie gleiten, werden sie sowieso nicht mehr wahrgenommen.*"

Interviewer: „Was ist die Harmonie?"

Nemo: „*Lesen Sie Zeitung? Das ist der Main Stream und den bestimmen wir.*"

Der Interviewer wurde wie immer von Elvira zum Fahrstuhl begleitet.

Sie hielt ein Buch in der Hand.

Interviewer: „Was ist das für ein Buch?"

Elvira: „*Es ist der Struwwelpeter. Mein Lehrbuch für das Management.*"

Interviewer: „Was lernt WMIA daraus?"

Elvira: „*Darüber reden wir am nächsten Dienstag...*"

Über den Autor

Kurt August Hermann Steffenhagen ist seit 25 Jahren als systemischer Coach, Trainer und Speaker tätig. Nach seinem Studium der Rechts- und Sozialwissenschaften arbeitete er als Supervisor im Individual- und Gruppenbereich und als Coach in der Wirtschaft, da ihm die Möglichkeiten seiner profunden Ausbildung und einem daraus resultierenden geraden Karrierelaufs nie genug waren. Zumal der Muff unter den Talaren des wissenschaftlichen Elfenbeinturms, der schlichten Starrheit des Denkens ihm bereits als Student suspekt war.

Seine humanistische und juristische Ausbildung sowie die internationalen soziologisch/psychologischen Studien schärften Steffenhagens Wahrnehmung für das System, in dem Menschen sich bewegen. 25 Jahre als Coach im mittleren und Topmanagement waren für ihn daher nicht nur eine Tätigkeit, sondern auch eine Feldforschung am Puls des Selbstverständnisses des Managements.

Kennzeichnend für seine Arbeit ist der Fokus auf die meist nicht hinterfragten Grundannahmen im Umgang mit Menschen und der Zusammenarbeit in Unternehmen. Eine Frage, die unter dem Stichwort „Paradigmenwechsel" heute eine hohe Aktualität besitzt, weil klassische Denkansätze gemessen an den mit ihnen erreichten Ergebnissen zerschellen.

Die Erklärungsmöglichkeiten menschlichen Zusammenseins und gängige Thesen über Menschenführung wie z.B. zur „Motivation" entlarvt Steffenhagen als blasse Vermutungen bis hin zur Naivität. Dies regelmäßig in bissigen Management-Kolumnen, welche großen Zuspruch finden.